BERLINER PLATZ
GROSSMARKT
Weberplatz
KREUZES-KIRCHE
ST. GERTRUDIS
Rheinischer Platz
KENNEDY PLATZ
DEUTSCHLANDHAUS
OPERNHAUS
DOM
PORSCHEPLATZ
Schützenbahn
ALTKATH. KIRCHE
HAUPTBAD
HAUPTBAHNHOF

ESSEN - eine Stadt wandelt ihr Gesicht

ESSEN

- eine Stadt wandelt ihr Gesicht

Fotos
Florin Laubenthal

Texte
Herbert Bernhard

VERLAG WOLFF & SCHNEIDER · ESSEN

Fotos: Florin Laubenthal – Essen
Texte: Herbert Bernhard – Essen
Übersetzung der Texte ins Englische von David Adams – Düsseldorf
Reproduktionen, Druck und Bindearbeiten:
D + V Paul Dierichs KG & Co, Kassel
Satz: Letter-Service Essen auf Linofilm Europa
Layout: Studio Namislow – Essen
Farbaufnahmen mit Leica M 5 und Leicaflex SL (Wechselobjektive zwischen 21 und 400 mm) auf Agfachrome Filmmaterial
Bildkarte im Vor- und Nachsatz:
Ausschnitt aus dem Bildplan Essen, Nr. 131, mit freundlicher Genehmigung des Bollman Bildkarten Verlags – Braunschweig
Printed in Germany
ISBN-Nr. 3-88052-000-3

Das Titelfoto zeigt zwei Zeugen verschiedener Bauepochen: im Vordergrund die Patinakuppel der Deutschen Bank in der Lindenallee und dahinter das 94 Meter hohe Hochhaus des Postscheckamtes Essen südlich der großen Bahnlinie. Die z. Z. des Jugendstils barock nachempfundene Kuppel entstand zwischen 1898 und 1901 als architektonischer Schmuck des Geldinstitutes, das von Friedrich Grillo 1871 als „Essener Credit-Anstalt" gegründet worden war und 1924 mit der Deutschen Bank fusionierte. Das gradlinige Hochhaus ist ein typisches Kind unserer Zeit, fertiggestellt 1967.

Foto Seite 2
Fontänen am Haupteingang der Gruga (Große Ruhrländische Gartenbauausstellung, eröffnet 1929).

Das Foto rechts zeigt einen Teil der Stadterneuerung: Das Geflecht der Helbingbrücken als Teil der 16 km langen Stadtautobahn, die Essen von West nach Ost als vierbahniger Ruhrschnellweg durchzieht.

Foto Seite 7/8
Der Hügelpark im Herbst.

Die Rückseite des Schutzumschlages zeigt den Baldeneysee – ein Freizeitdorado – mit Blick auf Fischlaken.

VERSICHERUNGEN
AEG
Mülheim
Ess
Hobeisen

Als Essener, der mit seiner Familie seit Jahrzehnten
in dieser Stadt lebt und sich in ihr wohlfühlt,
begrüße ich die Herausgabe dieses Bildbandes.
Seine Initiatoren haben es sich zur Aufgabe gestellt,
das neue Gesicht Essens möglichst umfassend
darzustellen und den Wandel zu kennzeichnen,
den die Stadt auf den
verschiedensten Gebieten vollzieht.
Aus meiner Zeit als Essener Oberbürgermeister
habe ich die Not der ersten Nachkriegsjahre
noch in lebhafter Erinnerung.
Um so mehr wird mir deutlich, was sich in der Stadt
von heute zeigt. Möge es gelingen, dies in Wort und
Bild zu verdeutlichen.
Ich empfinde es als einen guten Dienst an
dieser wie auch an mancher anderen Stadt des
Ruhrgebietes, wenn Vorurteile abgebaut und
die Städte mit ihren Menschen ins verdiente Licht
gerückt werden.

Dr. Gustav W. Heinemann

Bundespräsident vom 1. 7. 1969 bis 30. 6. 1974
Essener Oberbürgermeister von 1946 bis 1949

Die Herausgabe eines Bildbandes,
der die Stadt Essen erstmalig in einer
repräsentativen Gesamtschau
darstellt, ist sehr zu begrüßen.
Das gilt nicht nur für die Größe und Bedeutung
der Zentralstadt des Ruhrgebiets, sondern auch
für die Attraktionen, die Essen selbst
zur Überraschung manches Esseners zu bieten hat.
Ich finde auch das Motto des Bildbandes
„Eine Stadt wandelt ihr Gesicht" völlig zutreffend.
In Essen vollzieht sich seit Jahren ein Wandel,
der von der allgemeinen Meinung weitgehend
nicht mitvollzogen wurde.
Besonders für Fremde ist Essen noch immer
eine Reise in die Voreingenommenheit.
Insofern ist es hoch einzuschätzen,
daß dieser Bildband das neue Gesicht Essens zeigen
und zum besseren Verständnis der Stadt beitragen will.
Die repräsentative Aufmachung des Bildbandes
steht unserer Stadt gut zu Gesicht und kann
publizistisch als ein Geschenk empfunden werden.

Horst Katzor
Oberbürgermeister der Stadt Essen

ESSEN

– das sind 692769 Menschen. Einige heißen Gustav Heinemann, Erna Berger, Berthold Beitz, Helmut Rahn und Anton Pichowiak. Als gebürtige Essener grüßen Heinz Rühmann aus München und Ruth Leuwerik aus Saarbrücken.

Die meisten kennen Sie. Aber wer ist Anton Pichowiak? Das ist Kumpel Anton von nebenan. Auch noch Helmut Rahn vorzustellen, hieße Fußballtore nach Bern tragen. Dank seiner Bombenschüsse hat es bereits vor 20 Jahren mit der deutschen Fußball-Weltmeisterschaft geklappt.

Essen – das sind 203 Quadratkilometer, bewohnt von 371429 Frauen und Mädchen sowie 321340 Männern und Jungen. Das männliche Geschlecht ist also stark in der Minderzahl. Trotzdem hört man seit Jahrzehnten, Essen sei eine Männerstadt. Wieso? Dazu werden wir in diesem Bildband einiges erfahren – aber auch zu dem grandiosen Wandel, dem sich diese Stadt unterzieht. Peter von Zahn sagte dazu:

„Ist es vermessen zu prophezeien, daß Essen aus einer Männerstadt zu einer Stadt wird, die sich hübsch macht wie eine Frau? Essen hat das Zeug dazu, sich selbst zu übertreffen."

Essen stillt keinen Hunger

Der Stadtname Essen hat nichts mit dem Essen im Sinn der Nahrungsaufnahme zu tun. Die Essener Stadtgeschichte hat auch keine Anleihe bei den Sachsen gemacht, die ihre Schornsteine Essen nennen.
Essen hat sich über mehrere Sprach- und Schreibwandlungen aus dem Namen Asnidi oder Asnide entwickelt. So taucht der Name um 850 bei dem Stift- und Stadtgründer Altfrid auf.
Die Endungsvokale i oder e fehlen bereits auf der ältesten Essener Münze, die in der Regierungszeit von König Konrad II. (1024-1039) mit dem Namen Asnid geprägt wurde. Aus Asnid wurde Asinde oder Assinde und schließlich Essende. Im späteren Mittelalter verschwand wiederum der letzte Buchstabe, so daß noch Essend blieb.
Der folgenden Zeit blieb es überlassen, am Ende auch noch das d zu verschlucken. Bleibt zu hoffen, daß vom heutigen Essen nicht noch weitere Buchstaben geschluckt werden. Der Name Essen könnte sonst wirklich noch zum Objekt der Nahrungsaufnahme werden: Nahrung für die Zeitgeschichte.

Die Kettwiger Straße, eine der bedeutendsten Essener Einkaufsstraßen.

LOOSEN
PELZEN

Auf der Höhe von London und Kiew

Die Stadt Essen liegt mit ihrem Mittelpunkt in der nördlichen Erdhalbkugel auf der Breite 51 Grad, 27 Minuten, 25 Sekunden. Essens Breitengrad schneidet sich mit der östlichen Länge 7 Grad, 00 Minuten, 38 Sekunden.

Nach dem Breitengrad liegt Essen ungefähr (in West-Ost-Richtung) auf der Höhe von London, Neufundland, Winnipeg, Vancouver (Kanada), Baikalsee (Südsibirien), Kiew (Westrußland), Breslau und Leipzig.

Nach dem Längengrad liegt Essen in Richtung Süden etwa so wie Luxemburg, Genfer See, Nizza, Lagos (Nigeria). Über den Südpol hinweg liegen auf der anderen Seite adäquat zu diesem Längengrad der Osten von Neuseeland, die Samoa-Inseln, Hawaii-Inseln und der Polarkreis westlich der Beringstraße.

Viele Wege führen nach Essen. Hier zwei Beispiele: unten die S-Bahn als schnelle Zugverbindung zwischen Düsseldorf und Essen. Der strombetriebene Zug zieht hier unweit des Bahnhofes Hügel kurvenreich durch den grünen und hügeligen Südteil der Stadt Essen.

Die 210 Meter lange Helbingbrücke als Teil des Ruhrschnellweges, zugleich Bundesstraße 1. Zusammen mit dem 1020 Meter langen City-Tunnel wurden die Helbingbrücken als letztes Verbindungsstück dieser Stadtautobahn von Dr. Gustav Heinemann am 25. September 1970 dem Verkehr übergeben. ▷

Essen
Stadtmitte

Am Anfang standen Altfrid und Gerswida

1952 beging Essen seine 1100-Jahr-Feier. Bescheiden, wie sich das kurz nach dem wiederum verlorenen Krieg für Deutsche im allgemeinen und Essener im besonderen gehörte. Alfried Krupp war gerade erst aus der Haft auf der Festung Landsberg entlassen und die Demontage in seinem Fabrikgelände eingestellt worden. Deutschlands größtes Industriewerk war ein einziger Fabrikfriedhof. Die damals mit Thorntorn Wilders Stück durch Deutschland ziehende Behauptung „Wir sind noch einmal davongekommen" war in Essen immer noch mit einem Fragezeichen versehen. Alles andere also als ein glanzvolle Kulisse für die 1100-Jahr-Feier.

Dennoch, gedacht wurde des Datums. Elfhundert Jahre – wer hätte das der Goldgräberstadt zugetraut? Wenn auch kein Grund zum Jubeln, so war die Feier doch eine Gelegenheit, das verkorkste Image der Stadt aufzupolieren. In der Tat gab es bei den Zeitungen und der Stadtverwaltung Anfragen, ob die 1100-Jahr-Feier nicht ein Irrtum oder Druckfehler sei. 100-Jahr-Feier sei wohl richtig. So kleine hundert Jährchen, das kam der Meinung über Essen wesentlich näher.

In der weitverbreiteten Überraschung, daß da wahrhaftig noch ein volles Jahrtausend zum Vorschein kam, lag ein willkommener Effekt. Essen älter als Berlin, Hamburg und Wien! Tolle Sache. Aber bei näherem Hinsehen kam man wieder aus dem Staunen heraus. Was bedeutet Alter, wenn außer in den letzten hundert Jahren nichts los war? Damit war für viele Alt-Essen gegessen. Man ging zur Tagesordnung über. Nicht aber die Historiker. Sie konnten endlich aus dem vollen schöpfen. Eine Jahrhundertfeier widerfährt jedem schließlich nur einmal. Die letzte war 1852 gewesen. Damals war es die alles umwerfende Tausend-Jahr-Feier. Aber wer war damals schon umzuwerfen? Essen hatte ganze 8000 Einwohner. Krupp gelang zwar im gleichen Jahr, völlig unberührt von der Tausend-Jahr-Feier, der bahnbrechende Guß des nahtlosen Eisenbahnrades. Aber das war noch nicht im Bewußtsein der Stadt.

Zur 1100-Jahr-Feier schrieb 1952 ein Spötter in der Zeitung einer Nachbarstadt: „Tausend Jahre lang war nichts gewesen. Und für die letzten hundert Jahre kommt man mit einem Wort aus: Krupp".

Elfhundert Jahre Essener Geschichte – das mit zwei Sätzen und einem einzigen Namen zu erledigen, das war doch etwas zu lapidar hingesetzt. Essens Stadtgeschichte kann sich gleich in der Geburtsstunde an einem bedeutenden Namen hochranken.

Der Begründer Essens, Altfrid, war um die Mitte des 9. Jahrhunderts ein bedeutender Mann. Er war der engste Vertraute des Karolinger-Königs Ludwig des Deutschen (843 bis 876). Nach Auseinandersetzungen mit seinem Vater, Kaiser Ludwig I. (der Fromme), war Ludwig dem Deutschen im Vertrag von Verdun 843 das Reich Karls des Großen östlich des Rheines und der Aare (in der Südschweiz entspringender 293 km langer Nebenfluß des Rheins) zugefallen.

In diesem ostfränkischen Reich Ludwig des Deutschen, das im Osten bis Magdeburg und Regensburg ging und im Süden die Schweiz und Bayern umschloß, wirkte Altfrid mit großem diplomatischem Geschick als wichtigster Unterhändler des Königs. Bezeichnend, daß der Vertrag von Meersen 870 von Altfrid im Auftrage Ludwig des Deutschen unterzeichnet wurde. Durch diesen von Altfrid ausgehandelten Vertrag wurde Ludwig der Deutsche einwandfreier Sieger über seinen Halbbruder, Karl den Kahlen, und seinen Neffen Lothar II. Mit der Unterschrift Altfrids mußten ihm beide große Territorien links des Rheins abtreten, wobei ihm neben Lothringen auch die alte Kaiserstadt Aachen, der Vertragsort Meersen bei Maastricht und die heutigen Niederlande ab Utrecht zufielen. Ludwig der Deutsche stand auf der Höhe seiner Macht und war der eigentliche Nachfolger seines Großvaters, Karls des Großen.

Altfrid spielte dabei in etwa eine Rolle wie tausend Jahre später Bismarck für den Preußenkönig und späteren Kaiser Wilhelm I. Altfrid war des Königs federführende Hand. Der König belohnte Altfrids staatspolitische Erfolge schon weit vor der diplomatischen Großtat des Vertrages von Meersen. 851 wurde Altfrid Bischof von Hildesheim. Es war der 104. Papst Leo IV., der Altfrid zum geistlichen Herrn der Diözese Hildesheim weihte, aber dahinter stand der entsprechende Wunsch des starken weltlichen Gebieters, Ludwig des Deutschen.

Zu so früher Zeit, 851, war es schon eine Sensation, daß mit Altfrid ein Sproß des sächsischen Hochadels Bischof von Hildesheim wurde. Das bis Magdeburg gehende Gebiet der Diözese im seinerzeitigen Ostsachsen war erst ein knappes halbes Jahrhundert vorher von Karl dem Großen unterworfen und zum Christentum bekehrt worden. Hildesheim war ein christlicher Vorposten in einem Land, in dem der Sachsenadel immer noch grollte. Und nun ein Sachsensproß auf dem Bischofsstuhl. Neben des Königs Dankbarkeit und der Auszeichnung für Altfrids Fähigkeiten sehen Historiker in der Ernennung zum Bischof von Hildesheim auch einen Akt kluger Politik, mit der Ludwig der Deutsche die zuweilen noch aufsässigen Sachsen an sein ostfränkisches Reich binden wollte.

So eine Art von Bismarck am Anfang der Stadt Essen. Na, das ist doch was. Wieso aber verfiel dieser bedeutende Mann seinerzeit ausgerechnet darauf, an der völlig unbedeutenden Stelle die Gründung vorzunehmen, aus der die Stadt Essen hervorging? Sehr einleuchtend: Altfrid war auf dem väterlichen Gut Asnidi geboren worden. Zu diesem Gut gehörte der Bereich, auf dem er die erste Kirche, die Adelsdamenkongregation und die dazugehörenden Versorgungshäuser im Umkreis der alten Verteidigungsburg (Burgplatz) errichtete.

Rechtes Foto:
Das Portal des bischöflichen Wohnsitzes zeigt die Stadtgründer Essen: Bischof Altfrid und seine Schwester Gerswida.

S. ALFRID
ST. FRIDESWIDA

Der Spötter, der da in der Zeitung einer Nachbarstadt gemeint hat, vor Krupp sei in Essen nichts gewesen, dürfte nun hinreichend widerlegt sein. Der in Essen geborene Bischof von Hildesheim, der Vertraute und Vertragsschmied des ersten deutschen Königs – der war schon wer. Altfrid war nicht nur eine kraftvolle Gestalt seiner Zeit, er hatte auch Geld. Die Dankbarkeit eines aufstrebenden Königs bestand auch seinerzeit nicht nur aus Worten. Nachdem er 851 in Hildesheim als Bischof inthronisiert worden war, begann Altfrid den Bau des Domes zu Hildesheim aus eigenen Mitteln. Und er setzte ein Jahr später, 852, wiederum nur eigene Mittel ein, als er mit dem Bau der ersten Kirche und dem Damenstift an der Stelle der heutigen Münsterkirche in Essen begann.

Das Damenstift sollte den Töchtern des sächsischen Hochadels als Lebenssitz dienen. Das war eine ebenso fromme wie politisch kluge Tat. Der Sachse Altfrid, der sich völlig in das Frankenreich integriert hatte und als Ostfranke auch zahlreiche Freundschaften in Westfranken, dem heutigen Frankreich, unterhielt, wollte auch seinerseits die sächsische Aristokratie binden. Essen, das damals genauso auf der fränkisch-sächsischen Grenze lag wie heute an der rheinisch-westfälischen, war eben dafür gerade richtig.

Essen war dem Fränkischen von jeher aufgeschlossen gewesen und lag nur einige Steinwurf entfernt von der Abtei Werden, wo 801 der große Missionar und spätere Bischof von Münster, Ludger, den Grundstein zu der bedeutenden Abteikirche gelegt hatte. In solcher frommen Umgebung war der richtige Nährboden gegeben, teils noch aufbegehrende Sachsentöchter an die stille Demut religiösen Lebens zu gewöhnen. Wie den ein Jahr zuvor begonnenen Dom zu Hildesheim errichtete Bischof Altfrid auch die Essener Stiftskirche zu Ehren der Jungfrau Maria sowie der Märtyrer Cosmas und Damian. Reliquien aus den Gebeinen der bei der Christenverfolgung in Rom unter Diokletian zu Tode gefolterten und später heiliggesprochenen Brüder soll Altfrid 846/47 von seiner Reise zum Papst heimgebracht haben.

A.D. 1955

Die vorausgegangenen Seiten zeigen Fotos aus dem Münster, das vor mehr als 1100 Jahren von Altfrid (852) als Stiftskirche begonnen wurde und seit der Inthronisation des Ruhrbischofs am 1. 1. 1958 Bischofskirche ist. Auf dem linken Bild der Innenhof des Münsters mit dem von der Fürstäbtissin Theophanu, einer Enkelin des Kaisers Otto II., zwischen 1044 und 1055 erbauten achteckigen Turm (Oktogon) und dem im 13. Jahrhundert entstandenen, nach der Kriegszerstörung (1943) wiederaufgebauten Gotikturm. Rechts der Brunnen im Kreuzgang.

Seite 16 oben
Vortragekreuz (Ausschnitt) aus dem Münsterschatz – 10. Jahrhundert
Seite 16 unten
Burgplatz mit Münsterturm und Bischofssitz (rechts)
Seite 17
Engel auf der Bischofsresidenz (von Prof. Mataré)

Ruhrbischof Franz Hengsbach bei der Fronleichnamsprozession auf dem Burgplatz (oben links). Den siebenarmigen Leuchter dankt das Münster einer Stiftung der Fürstäbtissin Mathilde, einer Enkelin von Kaiser Otto dem Großen. Der Leuchter (Foto links) ist eine Nachbildung des vom Römerkaiser Titus (70. n. Chr.) aus dem Salomon-Tempel in Jerusalem geraubten Leuchters: 2 m breit, 2,50 m hoch. – Die zunächst romanisch-karolingische Stiftskirche wurde nach Bränden im 13. Jahrhundert erneuert. Das Mittelschiff (oben rechts) wurde gotisch. An den romanischen Baustil erinnert die Taufkapelle (u. r.) mit den Altartafeln von Barthel Bruyn (1520).

An der Spitze des für 50 Adelsdamen gedachten, aber meistens weniger bewohnten Stiftes sollte nach Altfrids Bestimmung jeweils eine Fürstäbtissin stehen. Als erste Fürstäbtissin setzte er seine Schwester Gerswida ein. Tüchtigkeit und Frömmigkeit ihres Bruders waren auch ihr zu eigen. Während Altfrid sich wieder seinen Bischofsaufgaben in Hildesheim und dem Dienst am König zuwandte, führte Gerswida das Werk in Essen fort. Die Stiftsdamen wohnten in einem Gebäude, das sich der Münsterkirche nördlich anschloß. Der noch heute vorhandene Kreuzgang führte zum gemeinsamen Schlafsaal und Speisesaal. Darum gruppiert waren die Vorratsräume, die Schule und die Wohnungen der leitenden Stiftsdamen. Obwohl das Damenstift weltlich und ohne die Strenge von Nonnenklöstern geführt wurde, umgab eine Mauer den Dom- und Schulbereich. Die Mauer war eher als Schutz gegen die Außenwelt gedacht, weniger als Einengung.

Die Meisterhand von Dominikus Böhm verrät die Rosette im Turm der Engelbert-Kirche (unten). Kunstvoll gearbeitetes Portal der Kirche Maria im Segeroth (oben). Auf der rechten Seite Schloß Borbeck, heute mit dem Schloßgarten ein beliebtes Freizeit- und Ausflugsziel, früher bis 1802/03 Sommerresidenz der Essener Äbtissinnen.

Zur Versorgung der Adelsdamen gab es außerhalb der Mauern zwei Backhäuser, ein Schlachthaus, einen Gemüsegarten, eine von der Berne getriebene Wassermühle und ein Brauhaus. Daß neben der Weltoffenheit zuweilen auch feuchte Fröhlichkeit ins Damenreich einzog, mag neben dem Brauhaus auch an den zwölf Weingütern abzulesen sein, die dem Damenstift nach und nach geschenkt oder als Mitgift eintretender Kanonissen ins Haus gebracht wurden. Unter den rebensaftspendenden Gütern an Rhein, Ahr, Mosel und Nahe gehörten Godesberg, Königswinter und Breisig.

Außerhalb des Damenstiftes ließ Gerswida noch die Häuser der Kleriker errichten (zwölf Priester und acht Diakone), die als Kanoniker die Seelsorge versahen. Zudem gab es Unterkünfte für das Gesinde und militärische Bewachung. Die ganze Siedlung, also der Urkern der Stadt Essen, war von einem Befestigungswall, später einer Mauer, umgeben. Das war die Nachfolge der Befestigungsburg, die vor der Zeit Karl des Großen von Karl Martell, dem Hammer, als fränkischer Schutzschild gegen die Sachsen errichtet und im Laufe der Zeit ersetzt oder geschleift worden war.

Gerswida, die erste Fürstäbtissin, starb im Dezember 870. Kränkelnd erlebte sie noch die Erfolge ihres Bruders Altfrid, der Monate zuvor für König Ludwig den Deutschen den erfolgreichen Vertrag von Meersen geschlossen hatte, demzufolge Lothringen und der ganze linke Niederrhein einschließlich Köln und Aachen zum ostfränkischen Reich geschlagen wurden. Durch diplomatische Erfolge gestärkt und mit der Huld des Königs bedacht, trat Altfrid am 25. und 26. September 870 als Bischof und Königsfreund auf der bischöflichen Reichssynode im soeben wiedergewonnenen Köln auf und verkündete den drei Erzbischöfen, daß er auf seinem Landgütchen Asnidi seit 852 eine Kirche erbaut und eine Damenkongregation für den Hochadel eingerichtet habe. So wurde auch in der damals bedeutendsten Stadt diesseits der Alpen, dem 35000 Einwohner zählenden Köln, aktenkundig, daß Asnidi, das heutige Essen, gegründet worden war. Auf der gleichen Synode wurde die Kölner Peterskirche geweiht, Vorläuferin des Kölner Domes.

Am 15. 8. 874 starb Altfrid hochbetagt in seinem Bischofssitz Hildesheim. Seine Gebeine wurden später nach Essen übergeführt. In der Stiftskirche wurde Altfrid neben seiner Schwester Gerswida beigesetzt. Bischof Dr. Franz Hengsbach, seit 1958 in Essen erster Ruhrbischof, läßt in diesem Jahr dem Essener Kirchen- und Stadtgründer Altfrid, anläßlich dessen 1100. Todestages, eine besondere Ehre zuteil werden.

Oben
Ruine der Isenburg auf den Ruhrhöhen zwischen Stadtwald und Heisingen
Mitte
Romanische Burgruine Burgaltendorf
Unten
Beim Freilegen des alten Stenshofs fanden sich Mauerreste aus karolingischer Zeit
Rechte Seite:
Haus Heisingen, aus dem 17. Jahrhundert stammende einstige Sommerresidenz der Werdener Äbte

852 begann in Essen die Herrschaft der Fürstäbtissinnen. 950 Jahre blieb es so. Die letzte Äbtissin war Maria Cunegunde, königliche Prinzessin von Polen und Litauen und Herzogin von Sachsen, die 1740 in Warschau geborene jüngste Tochter des sächsischen Kurfürsten Friedrich August II., Königs von Polen. Maria Cunegunde war eine Enkelin des Dresdner Herrschers August des Starken. Als Napoleon 1802 die Säkularisation (Verweltlichung und Einziehung von Kirchengütern durch den Staat) einleitete, floh Essens letzte Fürstäbtissin vor den französischen Revolutionsherren nach Augsburg, wo sie auf dem Schloß ihres Bruders am 18. April 1803 per preußischer Kabinettsorder zur Kenntnis nahm, daß das Stift Essen ebenso wie die benachbarte Reichsabtei Werden zusammen mit zahlreichen anderen Kirchengütern verweltlicht und dem Staat Preußen zugeschlagen worden war. Der abgedankten Fürstäbtissin wurde eine jährliche Abfindung von etwa 6000 Talern zugestanden, bis sie 1826 sechsundachtzigjährig in Dresden starb.

45 Äbtissinnen haben Land und Stadt Essen von 852 bis 1802 950 Jahre lang regiert. Sie waren Souveräninnen eines Staates en miniatur, aber immerhin eines Staates. Es gab Auseinandersetzungen mit den nach Selbständigkeit strebenden Essener Bürgern und mit dem Kölner Erzbischof. Die verwandtschaftlichen Bindungen an verschiedene Herrscherhäuser waren über einer kleinen Söldnertruppe immer Schutzschild genug, die Souveränität der Äbtissinnen zu wahren. Erst Napoleon, der auf der Höhe seiner Macht auf kein anderes Herrscherhaus mehr Rücksicht zu nehmen brauchte, beendete mit seiner Politik zur Entmachtung der Kirche auch die geistliche Staatsherrschaft in Essen. Als Maria Cunegunde unter dem Druck Napoleons zugunsten Preußens zur Abdankung gezwungen wurde, lebten im Land Essen etwa 13000 und in der Stadt Essen 3519 Einwohner.

Otto der Große schenkte Essen-West

Zu dem vom Adelsstift Essen aus regierten Land gehörten um das Jahr 1300 immerhin 631 Güter. Die Urzelle des Stiftes, der Viehof, lag am heutigen Viehofer Platz. Ihm unterstanden die umliegenden Bauernschaften in den Bereichen von Altenessen, Stoppenberg, Schonnebeck, Teilen von Frillendorf usw. Den Schenkungen des Altfrid-Gönners und Königs Ludwig des Deutschen folgten mehr oder minder üppige Reverenzen anderer Herrscher. So schenkte König Lothar II. die Höfe von Berg und Kasslerfeld bei Duisburg sowie Huckarde bei Dortmund. Nicht weniger als 100 Bauernhöfe fielen dem Essener Stift durch eine Schenkung in der holländischen Provinz Overijssel an der Zuidersee bei den Orten Deventer, Zwolle und Hasselt zu. Neun Höfe schlossen sich in der Umgebung der holländischen Stadt Twente an.

Ein König Karl, wahrscheinlich Karl der Dicke, griff tief in die Schatulle und schenkte das ansehnliche Weingut Godesberg, das die Damen des Stiftes mit Rhein- und Ahrweinen belieferte. Später kamen noch Weingüter in Ahrweiler, Königswinter, Breisig, Unkel, Cochem und Westhofen bei Bonn hinzu. Wo heute die Bundes-Crème in Bonn und Godesberg wohnt, herrschten jahrhundertelang die Essener Fürstäbtissinnen und trieben den zehnten Teil mitsamt den Spitzenweinen ein.

Mit einer gravierenden Schenkung vergrößerte König Otto I. (der Große) den von seiner Enkelin, der Fürstäbtissin Mathilde, verwalteten Besitz durch den Hof Ehrenzell, zu dem die Bauernschaften Altendorf, Frohnhausen und Holsterhausen gehörten, heute Stadtteile mit zusammen mehr als 100000 Einwohnern. Auch das Geschenk von Herzog Otto, dem Vater des deutschen Reichsgründers Heinrich I., war mit dem Hof Beeck bei Duisburg nicht zu verachten.

Dies und vieles andere, was im Laufe der Jahrzehnte und Jahrhunderte am Niederrhein, in der Eifel, in Westfalen bis hin nach Bayern zusammenkam, liquidierte Napoleon 1802 mit einem Federstrich. Wie den Stiftsdamen in Essen erging es den Äbten von Werden, die ähnlich große Besitztümer angesammelt hatten und mit der Säkularisation enteignet wurden. Auch die heute begehrten Wohngebiete von Bredeney, Stadtwald, Heisingen, Schuir, Werden und Kettwig waren weitgehend Besitz der Werdener Äbte.

Was mit Altfrid 852 begann, endete 1802/3 mit Napoleon. Und was kam danach? Nicht weniger als der Aufbruch Essens von der Kleinstadt über die Kruppstadt bis zur Großstadt von heute.

Aber was war davor, vor Altfrid? Nichts? So gut wie nichts. Grenzreibereien zwischen Franken und Sachsen, Marsch Karls des Großen über den Hellweg, der südlich der Karl-Martell-Burg verlief und weitgehend in der Linienführung mit unserer heutigen Bundesstraße 1, dem Ruhrschnellweg, identisch ist. Lassen wir es dabei, zumal dieses Buch nicht dazu bestimmt sein kann, lückenlose Geschichtsschreibung zu bringen. Eine Stadt, die auf sich hält, hat ihre mehr oder minder bedeutungslose Vorgeschichte sowieso irgendwo im Dunkel unexakter Geschichtsschreibung liegen. Wie schön, wenn nach Unbedeutendem und Undefinierbarem eines Tages der Held wie aus der Sage hervor- und das Tor zur Stadtgeschichte auftritt – etwa wie Lohengrin mit dem Schwan. Essens Lohengrin hieß Altfrid. Er kam nicht mit dem Schwan, sondern mit dem Krummstab. Aber er wußte auch ein weltliches Zepter zu schwingen, das seinem Land Gewinn ohne Krieg brachte. Er war ein Großer seiner Zeit, und dem sagenhaften Sohn des Parsival hat er voraus, daß er wahrhaftig und nachweisbar kam. Das war 852. Davor war Essen der unbestimmbare Gral, von dem Lohengrin singt: „Nie sollst Du mich befragen".

Kaiser Wilhelm I. hoch zu Roß war einst das beherrschende Monument auf dem Burgplatz. Heute steht der patinagrüne Reiter unter republikanischen Auspizien etwas bescheidener am Rande des großen Platzes.

STE

ESSEN
– eine Stadt wandelt ihr Gesicht

Versuchen Sie mal, Essen zu besingen. Auf „Hart wie Kruppstahl" klingt nichts – schon gar nichts Poetisches. Mit einem Abstecher zurück in harte Zeiten ließe sich daraus allenfalls ein Durchhalteappell fabrizieren. Aber davon ist Essen heute so weit entfernt wie Heinrich Böll von Joseph Goebbels. Hat Essen überhaupt Poetisches, reimt sich da etwas auf leicht, fein oder schön? Da sind wir schon bei der Antwort, die der Kölner Publizist Peter von Zahn auf eine ähnliche Frage gab: „Essen ist eine Reise in die Voreingenommenheit. Diese Stadt ist ganz anders, als sie uns aus vergangenen Jahrzehnten per Hammerschlag in den Ohren klingt."

Peter von Zahn ließ sich auf seinen Reportagefahrten in erster Linie vom Wohnwert der südlichen Stadthälfte, von den Wäldern an der Ruhr, der Gruga, dem Baldeneysee und dem Eifer im Bäderbau überraschen. Der Zukunftsforscher und Publizist Rüdiger Proske aus Hamburg sah hingegen bei seinen Essener Streifzügen mehr den U-Bahnbau, das Milliardenobjekt der neuen Universität und die auf Zukunft programmierten Pläne zur Ausweitung der City. Vor Kollegen und Fachjournalisten in Sachen Städtebau prognostizierte er: „Wir werden uns wundern, wie Essen Ende der siebziger Jahre dastehen wird. Da hat man die Zukunft im Griff, während manche andere Großstadt im Verkehr umzukommen droht."

Doch was soll's? Ende der siebziger Jahre – wir haben 1974. Also weit dahin. Aber betrachten wir nur die ersten Bilder – beispielsweise die Hochhäuser der neuen Skyline oder das Startzeichen der neuen Universitätsstadt. Gewiß, vieles ist noch Ansatzpunkt und Fragezeichen hinter dem Wort Gelingen. Aber das Motto dieses Bildbandes ist längst gerechtfertigt: „Eine Stadt wandelt ihr Gesicht".

Nach Köln ist Essen mit demnächst wieder rund 700000 Einwohnern die zweitgrößte Stadt Westdeutschlands – größer als Düsseldorf. Na, wenn schon. Man zuckt die Schulter und hält möglicherweise den Vergleich mit Düsseldorf für verwegen. Schon da sitzt der Stempel, den diese Stadt seit langem trägt. Essen, das ist die Arbeiterstadt, dereinst die Waffenschmiede des Reiches, ein ungefüger Siedlungsbrei unter dem Firmenschild des Kanonenkönigs.
(Fortsetzung übernächste Seite)

Das Bismarck-Denkmal vor dem Gebäude der Bundesbahndirektion in einer überraschenden Perspektive. Das 1899 enthüllte Denkmal zwischen den in den 60er Jahren entstandenen Hochhäusern der RWE-AG und der Rheinstahl AG. ▷

Von Hochhäusern flankiert, zieht sich der Ruhrschnellweg mitten durch Essen. Hier allerdings ist er nicht sichtbar, weil er seit 1970 als Tunnel unter dieser neu angelegten Fahrbahn der Kruppstraße verläuft. ▽

A

Daß sie sich längst gemausert und zu neuen Strukturen gefunden hat, glaubt man ihr bestenfalls als Einkaufsstadt. Ansonsten muß sie mindestens zwei Schritte nach vorn tun, ehe man ihr einen glaubt. Und sie müßte noch vier- oder fünfmal eine Gruga bauen, ehe man ihr parkähnlichen Charakter zugestehen würde.

Übrigens: Nicht etwa unter dem Druck der Vorurteile, sondern tatsächlich unter dem unablässigen Imperativ, die einst graue Stadt grün zu machen, baut Essen jetzt wirklich in der Industrielandschaft der nördlichen Stadthälfte Parks und Wälder an, die an Umfang vier- bis fünfmal die Gruga ausmachen. 340 Hektar neues Grünland stehen auf dem Plan.

Wer und was spricht für Essen?

Der gebürtige Essener Heinz Rühmann ist nach wie vor Deutschlands populärster Schauspieler. Und Namen wie Ruth Leuwerik, Paul Klinger und Helmut Käutner haben in der Filmbranche einen Klang. Essener Oberbürgermeister wie Hans Luther und Gustav Heinemann wurden Reichskanzler und Bundespräsident. Weitere Namen ließen sich nennen für Essener Art und Herkunft. Aber wer auch immer, keiner verdrängt das Synonym, das nun einmal für Essen steht: Krupp. Ganze Lehrergenerationen machen bis in unsere Tage die Erfahrung: Fragt man die Kinder, was sie von Essen wissen, erschallt zumeist im Chor der Name Krupp.

Dabei gilt längst das Wort: „Krupp ist nicht Essen – Krupp ist in Essen." Unter den 310000 Beschäftigten in Essen stellt Krupp mit 13000 noch soeben die größte Belegschaft, dicht gefolgt von der Stadtverwaltung mit rund 12000 Dienstkräften. In der wilhelminischen Ära nach der Jahrhundertwende ernannte Krupp ein Drittel der Essener Stadtverordneten in einsamer Machtvollkommenheit selbst. Das damalige Dreiklassen-Wahlsystem gestattete ihm das, weil er mehr als ein Drittel der Essener Steuern aufbrachte. An die Stelle solcher imperialen Züge ist eine buntgewürfelte Mischung getreten. Sie entspricht der Wirtschaft von heute, in der das Dienstleistungsgewerbe mit 55 Prozent die einstige Domäne der Schwerindustrie weit hinter sich gelassen hat.

Von Essen aus leitet die Firma Krupp nach wie vor einen Konzern mit annähernd 80000 Beschäftigten. Und unter so hervorragenden Wirtschaftskapitänen wie Berthold Beitz und Ernst Wolf Mommsen hat sich der in der Rezession 1967/68 wackelnde Industrieriese wieder kraftvoll gefestigt. Aber wo im Essener Stadtsteueramt die Einnahmen registriert werden, stehen neben Krupp Steuerbringer wie das RWE, der Karstadt-Warenhauskonzern, der Bundessitz von Coca-Cola, die Rheinstahl-AG., Goldschmidt AG., der Bauriese Hoch-Tief – und zur geistig-publizistischen Erbauung auch Verlage und Druckereien, die Essen neben Hamburg und München zu einem der drei großen Zeitungs- und Druckzentren der Bundesrepublik werden ließen.

▽ Ruhrtalbrücke – eine der längsten Autobahnbrücken Deutschlands

Schloß Hugenpoet – Kettwig ▷

Wie gesagt, Krupp ist in Essen, und Essen möchte Krupp um keinen Preis missen. Aber mit dem Krupp-Mythos ist es in Essen längst vorbei. Nicht aber außerhalb und vor allem nicht im Ausland. So oft Zeitungen oder Illustrierte ihre Reporter ins Ruhrgebiet entsenden, um über das nach New York, Tokio und London größte Ballungsgbiet der Erde zu schreiben – sie kommen nach Essen und fragen als erstes nach Krupp.

Krupp in Essen. Dieser Begriff ist geschichtlich und wirtschaftspolitisch so tief in Bücher und Gehirne geritzt, daß der fremde Betrachter heute noch geneigt ist, Stadt und Firma als diese Einheit zu sehen, als die vermeintlich untrennbare Symbiose von Wohnen und Werken. Da gibt es dann manches zwangsläufig zu korrigieren. Auch von dem Menschen, der hier lebt.

Auf Essen reimt sich so gut wie nichts. Es sei denn, man wird ein bißchen vulgär und nimmt die oft gehörte Abwandlung der Säuferpoesie: „Was Krupp in Essen, bin ich im Saufen". Weil sich echt aber nichts so recht auf Essen reimt, macht man sich leichthin seinen eigenen Vers auf Essen und die Essener. Extrem und mit rauhem Ruhrgebiets-Touch lautet einer über die Essener: „Entweder sind sie am Malochen oder sie brüllen für Rot-Weiß". Daß hinter Rot-Weiß die Fußball-Bundesligamannschaft zu suchen ist, fällt zu erraten nicht schwer. Aber wie ist das mit der Maloche? Das Wort steht in keinem Duden oder sonstigem Wörterbuch, aber im Ruhrgebiet kennt es jedes Kind. Wer sich etymologisch etwas Mühe gibt, wird es als Meloche im Jiddischen entdecken, als Ausdruck für Handwerk, Arbeit. Im Rotwelschen der Tippelbrüder und Zigeuner wurde Maloche daraus und steht für Arbeit, harte Arbeit, Knochenarbeit, Kärrnerarbeit.

Es ist sicherlich kein Zufall, daß das Wort Maloche vor allem im Ruhrgebiet heimisch geworden ist und zu den sprachlichen Eigenarten gehört. Nicht, daß der Mensch des Ruhrgebietes auf Du und Du mit Zigeunern und Tippelbrüdern stünde. Um Orte, in denen es so sehr nach Arbeit riecht, machen Vagabunden eher einen Bogen. Aber Maloche hat eben mit Arbeit zu tun, mit harter Arbeit – und die ist hier schon zu Haus.

Der Essener also ein Arbeitstier, ein Malocher, der stur vor sich her werkelt und lebt, um zu arbeiten? Da stecken halbe Wahrheiten drin. Aber Halbheiten werden nicht zur Wahrheit, indem man zwei zusammenfügt. Die Wahrheit ist differenzierter. Im allgemeinen und als Typ ist der Essener wie seine Nachbarn im Ruhrgebiet arbeitsam. Wer das umdeuten möchte, würde sich an Tradition und Geschichte dieses Landes schnell verschlucken. Hier wurde seit eh und je malocht. Aber hier zog mit technischem Fortschritt auch fortschrittliches Denken ein.

Mit der Industrialisierung und dem Zustrom der Arbeitermassen zur offenen Stadt erklärt, ist man aufgeschlossen und offen gegenüber dem Zuziehenden. Denn Zuzug war fünfzehn bis sechzehn Jahrzehnte lang das Normale.

(Fortsetzung übernächste Seite)

Regenstimmung auf der Kettwiger Straße, dem Anfang der Fußgängerzone ▷

Der Rhein-Herne-Kanal verbindet den Essener Stadthafen mit dem Rhein bei Duisburg im Westen und mit den nord- bzw. mitteldeutschen Kanälen bei Dortmund. ▽

JOCKEY
Herrenwäsche
WOLSDO

Pohlbürgerliches Abkapseln ist da kaum denkbar. Wer Essen näher kennenlernt, schließt sich dem allgemeinen Urteil an: Die Essener heißen gern willkommen und haben offene Arme. Aber offene Arme streicheln nicht gleich. Enthusiastisches gedeiht selten oder kaum. Essens Stadtgrenze ist im Osten zugleich ein Teil der Grenze zwischen Rheinland und Westfalen. Wenngleich im Grenzbereich, die Essener sind Rheinländer. Das ist nicht nur geographisch, sondern auch in der Wesensart zu sehen.

Weil ihn jeder kennt, mag der Essener Heinz Rühmann dafür stehen: die Neigung zum Verschmitzten, zur Fröhlichkeit, wenngleich auch mehr gebremst als beim Kölner oder Düsseldorfer, der sich vor Lachen gleich ausschütten möchte. Hört man den Wahl-Münchener Heinz Rühmann, nichts Bayerisches hat sich in seine Sprechweise gemischt. Die Klangfarbe des Esseners ist geblieben – in seiner Stimme eine bekömmliche Mischung von Rheinischem, das sich westfälisch anhauchen ließ.

Lassen wir die Stimme von Ruth Leuwerik auf uns wirken. Auch sie ist typisch Essen. Oder gar Paul Klinger, der in mehr als hundert Filmen wirkte. Bis zu seinem Tod vor zwei Jahren war der 1907 in der Essener Spichernstraße geborene Mime einer der beliebtesten und besten Synchronsprecher deutscher Zunge. Das Publikum sah William Holden, Cary Grant, Garry Cooper, John Wayne oder den Franzosen Jean Gabin – doch der einfühlsame Sprecher war immer wieder Paul Klinger.

Wieso hat Essen so gute Sprecher wie Heinz Rühmann, Paul Klinger, Heinz Drache hervorgebracht? Essen liegt gewissermaßen auf der Sprachschwelle zwischen Rheinland und Westfalen und bringt ein dialektfreies Hochdeutsch hervor – allerdings nur bei sprachlicher Disziplin. Wer sich vom Westfälischen mehr beeinflussen läßt, verschluckt gern den Konsonanten R, und wer sich mehr dem Rheinischen hingezogen fühlt, ruht auf dem R aus, ölt das L, leiert Vokale und geht statt in die Kirche in die Kirsche.

Der Essener – noch soeben Rheinländer und schon ein bißchen Westfale – macht das nicht mit. Ziemlich idiomfrei, kann er vorzüglich die Hanseaten oder Berliner imitieren. Rühmann beispielsweise berlinert meisterlich. Neben seiner mimischen Kunst war das für Regisseur Käutner ein Grund, ihn als „Hauptmann von Köpenick“ zu engagieren. Einmal gab es einen Film, der war fest in Essener Hand. Das war das nach Curt Goetz' Komödie gedrehte „Haus in Montevideo“. Die Essener Heinz Rühmann und Ruth Leuwerik spielten die Hauptrollen, und Helmut Käutner führte Regie.

Von ihnen war Helmut Käutner zuletzt in Essen. Anläßlich der Hundertjahrfeier seiner Penne, des Helmholtzgymnasiums (eines der 26 Essener Gymnasien), sagte der in Berlin lebende Ehemals-Schüler: „Ich war gerne in Essen und gern Schüler in Essen. Ich bin ein Verteidiger dieser Stadt, von der viele Leute sagen, es sei eine häßliche Stadt. Das ist nicht wahr.“ So mancher, der Käutner, den Meister der Molltöne, eher feinsinnig als kämpferisch kennt, hörte aus seinem Essener Engagement die Worte: „Na, das muß doch einmal gesagt werden!“

Wo liegt Essen eigentlich? Geographisch zwischen Ruhr und Emscher, per Volksmund im Herzen des Kohlenpotts und seinem Ansehen nach hinter einer Mauer von Vorurteilen. Die Meinung, daß in Essen Staubteile bis zur Größe von Eierbriketts durch die Luft fliegen, ist in Köln genauso verbreitet wie in Stuttgart oder München. Ein dazu passendes Erlebnis gab Paul Klinger gern zum besten: „In einem Bierzelt auf der Bayerischen Oktoberwiese fragte mich ein Trachtensepp: ‚Gell, Ihr in Essen wischt oa erst die Guschen ab, die staubige, bevor Ihr a Madl küßt'.“ Paul Klinger, der sich auf die Frage nach seinem nichtbayerischen Tonfall als gebürtiger Essener ausgegeben hatte, ging auf das derbe Spiel ein und übertrieb bereitwillig: „Wir schütteln uns die Briketts aus dem Anzug, bevor wir das Madel an uns drücken.“

Städte wie München, Köln oder Düsseldorf haben das Glück, nach ihren Glanzpunkten oder Prachtstraßen bewertet zu werden. Essen – nach Berlin, Hamburg, München und Köln die fünftgrößte aller deutschen Städte – hat offenbar das Pech, nach seinen drei oder vier nördlichen Stadtteilen beurteilt zu werden. Auf deren Industrie mit Schornsteinen, Werkstoren und Zechensiedlungen fällt der Blick des Reisenden, der die Köln-Mindener-Eisenbahnstrecke befährt. Von den übrigen 37 Stadtteilen ahnt er nichts. Warum auch? Essen, das ist doch diese graue Arbeiterstadt, die er irgendwann in der Vorkriegs- oder Kriegszeit einmal gesehen hat! Krupp fällt ihm ein. Der Amboß der Nation. Kanonen und so. Nur weg.

Wer nach Essen zu Besuch kommt, hat gleich eine Mißlichkeit gespart. Er braucht seinen Gastgebern kein Kompliment über die Stadt zu machen. Die Essener erwarten es nicht. Sie sind eher das Gegenteil gewöhnt. Das geht hin bis zu der Verwunderung, daß die Gastgeber überhaupt noch leben. In diesem Kohlenpott? Nee. Wer von Essen erzählen und vor Fremden glaubwürdig erscheinen will, beginnt am besten mit dem ungewöhnlichen Völkergemisch, das in dieser Stadt zusammenlebt – wie überhaupt in all den Städten des Ballungsgebietes an der Ruhr, aber eben doch am ausgeprägtesten in der Ruhrmetropole.

Krupp war vor und nach der Jahrhundertwende der größte Industriebetrieb dieser Erde. Wie die Motten zum Licht der tausend Werksfeuer zog die damalige Krupp-Stadt die Menschen aus Deutschland und aller Herren Länder an. Da gab es Arbeit, da gab es harte Goldmark. Was es bedeutete, bei 45 oder 50 Grad Stahl zu härten oder in niedrigsten Flözen liegend Kohlenstaub zu atmen, wurde den Zuwanderern am Stadteingang nicht gleich gesungen. So kamen sie nach Essen und trugen zu dem einmaligen Wachstumswunder dieser Stadt bei. Rheinländer kamen und Westfalen, vor allem viele Hessen aus dem kargen Lahngebiet, dazu Elsässer und Lothringer, Belgier und Holländer. Und dann im zweiten großen Schub der Industrialisierung zog es die Menschen aus dem Osten in grauen Scharen herbei: Westpreußen, Ostpreußen, in großer Zahl die Masuren, die lieber polnisch sprachen als deutsch radezubrechen, dann die Polen selbst, Tschechen, Ungarn, Jugoslawen... Wer kennt die Völker, nennt die Namen?

Oberbürgermeister Horst Katzor sagte es einmal auf einem ostdeutschen Heimattreffen geradezu poetisch: „Im Konzert all der Völker, die hier bei uns zusammenkamen, erklingen Polka, Mazurka, Walzer und Rheinländer. Polka und Mazurka für die eingewanderten Ostdeutschen und Polen, Walzer für das K. u. k.-Österreich-Böhmen-Ungarn, dazu Rheinländer für die Alteingesessenen.“ Und von dem klingenden Bild hingerissen, malte er es noch weiter aus: „Polka, Mazurka, Krakowiak, Czardas, Wiener Walzer, Rheinländer, Preußenmarsch und für die Einwanderer aus Frankreich meinetwegen auch noch der Can-Can – sie alle verbanden sich hier zu einem hinreißenden Tanz.“

Stadtväterlicher Stolz, er sei auch an der Ruhr gestattet. Aber es gibt auch weniger enthusiastische Beobachter, die in Essens neuen Straßen den alten genetischen Lehrsatz bestätigt finden: „Je bunter gemischt, um so besser die Art.“

Die Helbingbrücken von unten gesehen. Sie führen den Ruhrschnellweg kreuzungsfrei über die unteren Stadtstraßen.

Starfotograf Harold Griffith, der vor einigen Jahren für die berühmte US-Illustrierte „Life" die Serie „Das deutsche Fräulein-Wunder" bebilderte, bekannte: „Wo wir es kaum vermuteten, schossen wir unsere besten Aufnahmen: fotogene Mädchen, langbeinig oder zierlich, modisch up to date. Sie sind sicherlich fleißig, aber einen zerarbeiteten Eindruck machten sie keineswegs. Das war in der Ruhrstadt Essen und deren Nachbarin Mülheim. Und was hatten wir für verrückte Vorstellungen von diesem Industriezentrum? Daß wir nicht noch an Frauen vor Kohle und Kinderarbeit gedacht haben, war alles!"

Die Essener sind von ihrer Geschichte nicht gerade verwöhnt worden. 1802/03, als die tausendjährige Herrschaft der Fürstäbtissinnen unter den Machtworten Napoleons an Preußen überging, war Essen ein Städtchen mit kaum mehr als 3000 Einwohnern. Unter den Hammerschlägen der Krupps und Dinnendahls, der Kirdorfs und Grillo wuchs es empor, hastig wie aus dem Boden gestampft, ungestüm und grau. Da herrschte noch die rauhe Pionierluft, als Nachbarstädte wie Düsseldorf sich längst im Duft gepflegter Residenzen ergingen. Das industrielle Hazard der Goldgräberstadt an der Ruhr ließ wenig Raum für städtische Form und subtile Töne.

Die Essener wissen das. Sie wissen, daß sie lange Zeit eine Massenansammlung hart werkender Menschen waren, aber keine Stadt. Sie sind bescheiden aufgewachsen. Sie sind es geblieben. Das muß sie aber nicht hindern, sich heute auf die heutige Größe und Bedeutung ihrer Stadt zu besinnen. Bevölkerungsreich war Essen auch schon vor dem Kriege, damals bereits größer als Frankfurt, Breslau, Dresden oder Düsseldorf. Doch was Stadtlandschaft und Urbanität anbetraf, war Essen bestenfalls eine große Stadt mit vielen, höchst verschiedenen Stadtteilen.

△
Liebgewordener Parkschmuck: Die zwei Pferde am Stadtgarten

Lebendiges Straßentheater vollführen junge Künstler und Studenten auf der Kettwiger Straße. Die Szene ist unschwer zu erraten: Junge Männer umwerben eine Vorübergehende. ▽

Rechte Seite:
Blick in das Häusergewirr rings um das Essener Münster im Herzen der Stadt.

Ein seinen 700000 Einwohnern angepaßtes Stadtbild legte sich Essen erst nach den fünfziger Jahren zu. Wo sich einst in schmalen, backsteinernen Straßen neben halbwegs städtischer Kaufmannschaft die alte Rumpelkammerherrlichkeit der Trödler und Lumpenkerls offenbarte, ist eine City mit dem Pflaster eines der bestfrequentierten deutschen Einkaufszentren entstanden. Und die neue Skyline bis zu hundert Meter hoch ragender Bauten weist einen imponierenden Weg ins Neue.

Vieles änderte sich. Vieles wurde erst. Mit 680000 und demnächst nach der beschlossenen Eingemeindung Kettwigs annähernd 700000 Einwohnern wuchs Essen in der Nachkriegszeit zur fünftgrößten deutschen Stadt heran – inzwischen auch größer als Leipzig in der DDR mit rund 620000 Einwohnern. Doch wem wird das auf Anhieb bewußt? Was die Bundesdeutschen von Essen wissen, besagte eine demoskopische Umfrage der Stadt Hamburg. Als Hamburg bei dem Publikumstest in der Bundesrepublik die Frage nach der größten deutschen Industriestadt stellen ließ, antworteten 42 Prozent der Befragten (diese Prozentzahl erreichte keine andere Stadt) mehr oder minder spontan: „Essen". Für die wirklich größte Industriestadt, nämlich Hamburg, votierten nur wenige Prozent.

So bereitwillig die Befragten Essen in die wenig erbauliche Spitzenposition der größten Industriestadt hievten, so bedenkenlos verweigerten sie der Stadt Essen den Anspruch, eine der größten deutschen Städte zu sein. Obwohl hinter Berlin, Hamburg, München und Köln die fünftgrößte deutsche Stadt, wurde Essen im Bewußtsein der Befragten überwiegend hinter Städten wie Frankfurt, Düsseldorf, Stuttgart oder Hannover eingestuft. Wesentlich kleinere Städte wie Nürnberg oder Kiel rangierten in der Publikumsgunst vor Essen.

EUROPA-HAUS
KRAMM
EUROPA-PALAST
mitdenken mitbestimmen mitverantworten
DOB
LICHTBURG
POHLAND

Inzwischen von grünen Gärten und neueren Industrieanlagen umgeben, ein Zeuge aus der ersten Zeit des Untertagebergbaues in Essen: Der viereckige Malakow-Förderturm in Frillendorf. Malakow benannt nach einer Festung auf der russischen Krim. Die türmchenbewehrten Zinnen sprechen für Schmuckempfinden der ersten Zechengründer.

Faszinierendes Bild aus der Industrie: Chemische Entzinnung von Weißblech bei der Th. Goldschmidt AG ▷

Eine Reise ins Land der Vorurteile

Man müßte Essen einmal beschreiben, ohne den Namen Essen vorher erwähnt zu haben. Der Name stünde, quasi als Auflösung, auf der letzten Seite – wie bei Edgar Wallace oder Agatha Christie der Mörder. Nur Krimileser, die sich selbst betrügen, schlagen zuerst die letzte Seite auf. Essen aber ist schon so gut wie betrogen, wenn man vom Namen ausgeht.

Das geht auch anderen Städten so. Nichts ist dauerhafter als das Klischee und sitzt tiefer als das Vorurteil. Manche zehren positiv davon. Man nenne den Namen „Heidelberg"! Augen werden blank, der Mund beginnt zu trällern: „Ich hab' mein Herz in Heidelberg verloren". Auch wer dort nicht in vormaliger Burschenherrlichkeit studiert hat, stimmt gern mit ein. Wer denkt schon an den Verkehrsbrei von heute, an verstopfte Straßen, entzauberte Romantik und streikende Studenten? Und wie eh und je nehmen die Touristen im Schloß halbgläubig bis zwinkernd zur Kenntnis, was der Zwerg Perkeo im Heidelberger Faß trinkfest und listig getrieben hat.

Nehmen wir Potsdam. „Aha, Potsdam – Garnison, Fridericus Rex, Preußenmarsch, zack zack." Potsdam ist viel lieblicher und ein Dorado der Baustile. Das hat selbst die Einheitspartei nicht ganz weggekriegt.

Aber dann erst Essen. O je: Fabriken, Zechen, Schornsteine, auch Schlote genannt. Ansonsten zerarbeitete Menschen, aschgrau, viel Ruß, kaum Himmel. Gewiß, das ist übertrieben, aber Übertreibung veranschaulicht – hier das Bild von vorgestern, das sich in der Vorstellung vieler erhalten hat.

Und jetzt kommt der große Saubermann, wird mancher denken, und aus der ach so falsch gesehenen Ruhrmetropole wird die schönste Stadt im weiten Rund. Keineswegs. Wir wollen keine Stadtkosmetik und auch nicht flunkern. Sehen wir uns einige Tatsachen an. Essen war einst die größte Bergbaustadt des europäischen Kontinents. Auf 22 Zechen arbeiteten zur Hochblüte Ende 1956 rund 60000 Bergleute. Seit Ende 1973 gibt es in Essen noch eine einzige Zeche, die Zeche „Zollverein" im nordöstlichen

Nächtliche Industriekulisse an der Stadtgrenze Essen/Bottrop.

Foto rechts: Die letzte der einst 22 Essener Zechen, vor dem ungiftigen Qualm der Kühlanlage der Förderturm der Zeche Zollverein in Katernberg. Die überaus rentabel arbeitende Zeche beschäftigt die letzten 5000 Essener Bergleute, die dazu gehörende Kokerei weitere 700. 1973 förderte „Zollverein" mehr als zwei Millionen Tonnen Kohle. Das ist fast ein Sechstel der Kohleförderung, die alle 22 Essener Zechen 1957 verzeichneten.

Stadtteil Katernberg mit der gleichnamigen Kokerei. Die anderen 21 Zechen sind seit dem 1957 einsetzenden Zechensterben geschlossen worden – für immer. Denn eingestellte Zechen können nicht wieder bezogen werden wie ein vorübergehend verlassenes Haus. Die unterirdischen Bergwerke saufen ab und brechen zusammen. Sie wieder hochbringen zu wollen, spräche gegen jede wirtschaftliche Vernunft. Da geht man besser in jungfräuliches Untertagegebiet.
Wo also bis in die Mittfünfzigerjahre die Schlote von 22 Zechen qualmten, raucht nur noch einer. Das muß unweigerlich eine erhebliche Minderung der Luftbelastung zur Folge gehabt haben. So ist es. Nicht nur der Superlativ „größte Bergbaustadt des europäischen Kontinents" löste sich in Essen auf, selbst der Plural ging flöten. Singular ist richtig = eine Zeche.

Aber nicht nur darum wurde die Luft besser. Mit der gleichen Automatik wie der Rückgang in der Kohleförderung schlossen auch die Hüttenbetriebe. Beispielsweise die große Zinkhütte in Borbeck, wegen ihrer giftigen Emissionen von Umweltschützern ebenso giftig angefeindet und von der Bevölkerung seufzend ertragen, gehört seit fünf bis sechs Jahren der Vergangenheit an. Von den Wirtschaftsankurbelern willkommen geheißen, siedelte sich in der Nachbarschaft, in Vogelheim, am Rhein-Herne-Kanal, eine große Aluminiumhütte an. Aber sie, modernster Betrieb seiner Branche, arbeitet mit einem Minimum an Staubauswurf und Abgasen. Und dieses Minimum bestimmt nicht etwa der Zufall oder gar der Fabrikherr mit verkniffenem Grinsen. Sondern es wird bestimmt und täglich überwacht von der dafür zuständigen Anstalt der NRW-Landesregierung.

Da sind wir bei einem der gewichtigsten Stichworte neuerer Zeit. Eben weil das Ruhrgebiet so belastet mit Staub und Abgasen war, hat das Land Nordrhein-Westfalen seine Anstalt für Umweltschutz 1963 ins Ruhrgebiet gesetzt, und zwar in die Stadt, die sich wie keine andere Stadt so früh und so intensiv um Umweltschutz gekümmert hat: Essen. Die Umweltschutzbehörde, die sich etwas umständlich „Landesanstalt für Immissions- und Bodennutzungsschutz" nennt, hat seit mehr als zehn Jahren die Nase im Wind. Es ist die untrügliche Nase von Experten, die sich nicht von Werks- und Profitinteressen beirren läßt. Sie stellt mit vielen über das ganze Land systemvoll verteilten Meßstationen die Belastung der Luft fest und erteilt Umweltsündern Auflagen, die ohne Pardon erfüllt werden müssen.

Oft gab es Heulen und Zähneklappern, Bitten um Erbarmen, Appelle an die sogenannte wirtschaftliche Vernunft – nichts half. Auch die schwergewichtigen Industrie- und Handelskammern des Ruhrgebietes oder die Kreishandwerkerschaften stärkten „Stinkern" nicht das Kreuz. Der Chef der Landesbehörde für Umweltschutz, der Chemiker und Biologe Dr. Heinrich Stratmann, gibt gerne zu, daß es oft schwierige Verhandlungen und auch Schrammen gegeben hat. Aber von den Umweltauflagen wurde nichts erlassen. Hat es etwa Druck der Mächtigen gegeben, Pressionen, denen das Amt durch die eine oder andere Lobby ausgesetzt war? Nein. Die Landesanstalt wäre auch stark genug, sich solchen Pressionen zu widersetzen und sie öffentlich anzuprangern. Man ging den besseren Weg, den der gegenseitigen Vernunft und Rücksichtnahme.

Der Erfolg stellte sich ein und läßt sich an exakten Zahlen messen. 1966, als die Landesumweltschutzbehörde nach ihrer Etablierung im südlichen Essener Stadtteil Bredeney/Schuir die ersten Großmessungen vornahm, fielen auf das Ruhrgebiet noch 350000 Tonnen Staub jährlich. 1970 waren es nur noch 240000 Tonnen. Immerhin, mit dem Dreck des Jahres am Anfang dieses Jahrzehnts ließen sich 185 Güterzüge mit insgesamt 12000 Waggons beladen. Nach der Schließung so vieler Zechen und veralteter Werke wird in diesem Jahr ein Rückgang des Staubniederschlags um die Hälfte auf rund 120000 bis 130000 Tonnen erwartet. Gegenüber 1966 ist das eine Drittelung oder dreifache Verminderung des niederrieselnden Staubs.

Staub ist nicht der einzige Feind aus der Luft. Die Landesanstalt für Immissionsschutz soll auch das Gift in der Luft verdrängen. Auf der Erfolgsseite der Essener Umweltschützer steht nach zehnjähriger Arbeit: Der Schwefeldioxidgehalt in der Luft ist im Ruhrgebiet um 55 Prozent und in der günstiger im Süden gelegenen Stadt Essen um rund 60 Prozent gesunken. Die Stadt Essen ist bis auf ein paar Hektar im äußersten Norden ganz aus den sogenannten roten Zonen heraus.

Wieso ausgerechnet Essen? Essen ist die südlichste Stadt des Ruhrgebietes. Hier ist südlich nicht als Polarisation zu nördlich zu verstehen, sondern als die Gunst der Landschaft. Keine andere Stadt des Ruhrgebietes schiebt sich mit ihrer südlichen Stadthälfte so tief hinein in das Bergische Land, in die gefällig welligen und reichbegrünten Ausläufer des Rheinisch-Westfälischen Schiefergebirges. Im Süden Essens spürt man schon Sauerland. Das ist keine Hochstapelei. Der Süden Essens liegt auf der Höhe von Hagen, der großstädtischen Pforte zum Sauerland. Nur wenige Steinwurf von der Südgrenze Essens entfernt liegen so anmutige Bergische Städtchen wie Langenberg oder Heiligenhaus. In Heiligenhaus hatte sich beispielsweise der reichste Deutsche der Nachkriegszeit privat niedergelassen, der Konzernherr Friedrich Flick. Eine winzige Eingemeindung und Flick wäre Essener gewesen wie viele Wirtschaftskapitäne, Erbmillionäre und Wissenschaftler mit der goldenen Nase, die sich in Essens Süden wohlfühlen. Anders wären die breithin gelagerten Villen und millionenschweren Bungalows in Stadtteilen wie Bredeney, Stadtwald oder Heisingen nicht zu verstehen.

Die Meteorologen des Nordrhein-Westfälischen Wetteramtes in Essen, die sogenannten Wetterfrösche, wissen geographische und klimatische Gunst vor allem des südlichen Ruhrgebietes aus Abertausenden von Messungen zu beweisen. Das Ruhrgebiet liegt zwischen den Südausläufern der rheinisch-westfälischen Mittelgebirge (Bergisches Land, Sauerland) und der niederrheinisch-münsterländischen Tiefebene. Bei einer Windhäufigkeit von 55 bis 62 Prozent aus Südwest, West oder Nordwest, können die maritimen Luftmassen über Nordfrankreich, Belgien oder Holland ungestört über den flachen Niederrhein ins Ruhrgebiet vordringen.

Die Windströmungen werden günstig vom Südhang des Mittelgebirges ins Ruhrgebiet dirigiert und haben im Süden eine gute Gleitwand mit Drift in das nördliche Ruhrgebiet. Die Folge: Das Ruhrgebiet ist fast immer gut durchlüftet. Die mittlere Windgeschwindigkeit beträgt vier Meter pro Sekunde. Im Gegensatz zu anderen Gebieten wie Bonn, Stuttgart, Frankfurt, Tokio oder Los Angeles ist das eine relativ hohe und beständige Windgeschwindigkeit – im Gegensatz zu den genannten oder weiteren Orten, wo die Luft sehr oft „steht". Die natürlichen Klimavoraussetzungen sind für das Ruhrgebiet günstiger. Vorherrschend sind feuchte Weströmungen, welche die Bildung einer Dunsthaube verhindern.

In ebenso traulicher wie zweckvoller Gemeinschaft: das nordrhein-westfälische Wetteramt und die Landesanstalt für Umweltschutz (rechte Seite) – Täglich werden Staub und Giftstoffe der Luft gemessen.

Insofern hatte der Horrorfilmer und Regisseur Rolf Menge seinen heißdiskutierten Film „Smog" im Ruhrgebiet falsch placiert. Das ist ihm von Wissenschaftlern auch eindeutig gesagt worden. Aber Menge, der filmisch gern vom Gruseln lebt und die Nerven von millionen Fernsehern schon mit dem gnadenlosen „Millionending" schockte, hatte für solche Stimmen weitgehend taube Ohren. Im Ruhrgebiet wohnen viele Menschen, fahren viele Autos. Das genügte ihm. Was heißt da klimatische Gunst? Auch die Tatsache, daß die Luft über dem Ruhrgebiet noch nie in die Nähe des roten Smog-Striches gelangt ist, hinderte Menge nicht, sein „Smog"-Sciencefiction im Ruhrgebiet und in erster Linie in Essen anzusiedeln.

Die Vision ist schon entsetzlich: bei mulmiger Wetterlage würde die Konzentration von Schwefeldioxid in der Luft so groß, daß Atmen zur Qual wird. Einen solchen Fall zu publizieren und im Sinne der Vorbeugung die notwendigen Maßnahmen zu schildern, kann angebracht erscheinen. Dagegen wäre auch nichts einzuwenden gewesen, wenn der Buchautor Menge das Schreckensbild nicht so naturalistisch auf das Ruhrgebiet lokalisiert hätte. So wies der Riesenzeigefinder des Massenmediums ARD kompromißlos, aber durch nichts aktualisiert auf's Revier, unheilverkündend: „Da wird es sein!"

Aber noch nie war es im Ruhrgebiet soweit. Die höchste Gefährdung gab es bei einer ungewöhnlich ungünstigen Luftkonstellation 1968. Seitdem hat sich vieles über dem Ruhrgebiet verbessert. Und so ein seltenes Zusammentreffen von zwei Wetterfronten bei gleichzeitigem Windstillstand hat es seitdem nicht mehr gegeben.

Die Meteorologen in den weltweit miteinander verbundenen und ständig korrespondierenden Wetterstationen wissen es vielmehr aus dem smoganfälligeren Los Angeles, New York und Tokio: Gefährlich wird es, wenn sich eine austauscharme Wetterlage länger als vier Tage hält. Die gute Durchlüftung des Ruhrgebietes sorgt zum Glück dafür, daß sich solche gefährlichen Wetterlagen bisher schon immer vor dem vierten Tag abbauten. Dem Smog näher als das Ruhrgebiet waren in der Bundesrepublik bisher München, Frankfurt, Bonn und Düsseldorf. Vor allem München: Föhn und der riesige Kraftverkehr machen der bayerischen Hauptstadt mehr zu schaffen als der Ruhrmetropole, die Föhn nicht kennt und seltener in der nebligen „Suppe" hängt als die Städte in der Rheinniederung – von Raffinerien dicht umgeben.

Wer von Düsseldorf oder Duisburg nach Essen will, muß bergauf fahren. Natürlich wird das nicht gleich ein alpines Erlebnis. Der Höhenunterschied beträgt an den höchsten Stellen im Essener Süden 200 Meter und im Durchschnitt 100 Meter. Mit 30 Metern über Normalmull und Meereshöhe liegt Essen an der Nordgrenze der Stadt am niedrigsten. Exakt ist das in der Hattramstraße in Karnap, also in der industriell stark durchsetzten Emscherniederung. Von da aus geht es ständig in Richtung Süden aufwärts, erreicht in der Stadtmitte rund 85 Meter, in Bredeney 165 Meter und an der Barkhofenallee in Werden-Heidhausen 202 Meter. Da ist der bescheidene, aber dennoch aufschlußreiche Schauinsland in einer recht verschiedenartigen Umgebung.

Unmittelbar zu Füßen des Beschauers geht es fast steil hinab ins Ruhrtal, das mit dem Baldeneysee für jeden Fremden in der Tat eine unvermutete Überraschung ist. Zu allen Zeiten haben Herrscher, Fürsten und wirtschaftliche Potentaten den Blick von der Höhe diesseits und jenseits des Ruhrtales zu schätzen gewußt. Die zeitweise reichen Reichsäbte von Werden errichteten ihre barocke Residenz am Ruhrhang, der Essener Landvogt, Graf zu Isenburg, glaubte das Ruhrtal zu beherrschen, indem er wie ein Falke von seiner hochdroben im Schellenberger Wald errichteten Burg spähte.

Wie hätte da der Mächtigste von allen zurückstehen wollen. Alfred Krupp, der bis zu seinem Tod 1887 der größte Fabrikant der Welt und einflußreichste Wirtschaftler des Kontinents war, wuchtete seine Villa Hügel auf die Nordhöhe an der Ruhr, gleich ein ganzes Konglomerat von Schloß-, Burg- und Villenelementen. Selbst für ihn war es nicht leicht, auf den Ruhrhöhen noch einen Platz zu finden. Das hatte nichts mit Geld zu tun. Krupp und eine Geldfrage – lächerlich. Nein, was links und rechts des lieblichen Ruhrtales noch auf den Höhen zu haben war, hatten vor ihm Lebende in Beschlag genommen. Lediglich der Hügel war noch frei. Und das wohl nur, weil er von einem raubbautreibenden Schuldenmacher grauer Vorzeit kahlgeschlagen worden war.

Hauptsache, Krupp hatte das Grundstück. Daß es kahl war, konnte ihn nicht schrecken. Er, dem nach eigener Meinung alles gelang, würde schon der Natur auf die Sprünge helfen. So geschah es. Da Alfred Krupp 1869/70 schon nicht mehr der Jüngste war und auf ein jahrzehntelanges Wachstum kleiner Bäumchen nicht warten wollte, befahl er die Natur in Gestalt großer Bäume herbei. In der weiten Umgebung, selbst im Ausland, wurden ganze Alleen ausgehoben und auf Riesenkarren an den offenen Mündern der staunenden Mitwelt vorbei zum Hügel gefahren.

Das Fabrikantengenie Krupp, das es nicht nur verstand, sich gute Leute zu halten, sondern diese auch noch auf Trab zu bringen, muß wohl einen vorzüglichen Gärtner oder Forstmann gehabt haben. Denn er überwand das analog zur Weisheit stehende Naturgesetz „Alte Bäume verpflanzt man nicht". Ungefähr jeder zweite der herbeigeschleppten Baumriesen ging an und grüßte im nächsten Frühling grün auf das greise Haupt des Befehlshabers hinab. Die weniger gehorsamen Bäume wurden wieder herausgerissen und durch andere ersetzt – bis der Hügel nicht mehr kahl, sondern bewaldet war.

So mancher Fürst oder Geldmensch hat sich noch an den Hängen oder auf den Höhen des Ruhrtales niedergelassen: von Hattingen, wo der von großen Talsperren mitgespeiste Ruhrfluß aus dem Sauerland hervortritt, über die zehn Essener Kilometer bis hin nach Mülheim. Wieviel Geld der eine oder andere auch immer investierte, keiner hat die beherrschende Monumentalität der Krupps erreicht. Dort oben wohnte drei Generationen lang jeweils der Mann, der mit Abstand die höchste Einkommenssteuer im deutschen Reich bezahlte. Mehr als der Kaiser, mehr als irgendein anderer der Industriefürsten nach der Kaiserzeit. Das zog.

Hoch über dem Baldeneysee Villa Hügel ▷

G 796
G 596

Ob Herrscher, Kanzler, Wirtschaftsmagnaten oder Berühmtheiten, sie alle machten dem Industriegiganten auf dem Hügel ihre Aufwartung. Kaiser Wilhelm I. und II, Bismarck, Hindenburg, Ludendorff, Hitler und zuletzt der nun so ölbewußte Schah von Persien, Reza Pahlewi – sie alle bestaunten die steingewordene Mischung von Renaissanceschloß, wilhelminischer Oper und viktorianischem Bahnhof. Und manchen hat's wohl auch gefröstelt.

Wie unterschiedlich auch immer der Steinkoloß mit der untertreibenden Bezeichnung Villa auf die Besucher gewirkt haben mag, einig waren sich alle immer über das Ruhrtal zu ihren Füßen: Bezaubernd, unjlaublich (Wilhelm II.), lovely, marvelous, fantastique, meravigliosissima.

Die „schnellste" U-Bahn der Welt

Vor 15 Jahren hat jemand den Werbeslogan erfunden „Essen ist ganz anders". Seitdem, so meinte kürzlich ein Kritiker überspitzt, hält sich die Stadt an dem sibyllinischen Spruch fest und überläßt dem Zufall die Deutung, was denn nun an Essen so anders ist. Und vor allem, wieso es anders ist, anders als was?

Diese kritischen Fragen, vor Jahren sicherlich berechtigt, sind inzwischen müßig. Die Stadt Essen hat längst erkannt, daß der aus der Negation kommende Werbespruch „Essen ist ganz anders" den Erfordernissen neuzeitlicher Public Relations nicht mehr entspricht. Essen ist aus der Reserve und Abwehr herausgetreten. Die Werbung wurde positiv, konkreter, selbstbewußt, dem Neuen angepaßt. Nach den Phasen des Wiederaufbaues und einer weitgehenden Stadterneuerung haben besonders in jüngster Zeit zukunftsweisende Großobjekte wie U-Bahn, Universität, Rathaus mit Citycenter und Holle-Center merklich zur Stärkung des Selbstbewußtseins beigetragen. Die Essener spüren, daß sich ihre Stadt in einem ungewöhnlichen Maße mausert, daß sie eine Zukunft anstrebt, die mancher gestern noch gerühmten Konkurrenzstadt davoneilt.

Und die Essener nehmen es zur Kenntnis, nicht gelangweilt und versnobt, sondern bewußt. Ein Meinungsforschungsinstitut stellte kürzlich fest, daß 76 Prozent der befragten Essener den U-Bahnbau als die großartigste Leistung ansprechen. Das ist eine höchst beachtenswerte Einstellung. Da wühlen sich Tiefbauarbeiter, Techniker und Ingenieure seit 1964, also seit einem geschlagenen Jahrzehnt, durch das Erdreich der City, reißen Löcher auf, in die der Kölner Dom paßt, legen unterirdische Bahnhöfe vom Ausmaß des Hauptbahnhofes an, unterfahren gewaltige Gebäudekomplexe und geben Riesensummen aus, bisher gut 400 Millionen DM. Und was ist bis jetzt? Die Straßenbahn kann ganze 560 Meter der U-Bahnstrecke am städtischen Saalbau unter der Huyssenallee benutzen. Kabarettist Dieter Hildebrandt witzelte prompt: „Die schnellste U-Bahn der Welt. Kaum ist man drin, ist man auch schon wieder draußen."

Alle anderen Abschnitte des unterirdischen Bauwerks können noch nicht benutzt werden, weil die End- und Wendepunkte an den anderen Extremen der intensiv bebauten Innenstadt noch nicht fertig sind. Also schlummern sie jahrelang im Dornröschenschlaf dahin, bis sie 1980 der letzte Hammerschlag an den dann ringförmig geschlossenen Bahnhöfen Porscheplatz, Viehofer Platz, Berliner Platz (Universitätsgelände) „wachküßt".

Solange müssen die Essener noch warten, bis der erste Bauabschnitt mit ca. 15 Kilometern befahrbar sein wird. Zu den durchlebten zehn Jahren weitere fünf Jahre mit der Mühsal der Baustellen, den Umleitungen, Belästigungen und was sich mit einem Objekt, das letztlich die Milliardengrenze überschreiten wird, alles verbindet. Trotzdem stehen 76 Prozent der Essener zu der U-Bahn und finden sie großartig. A la bonheur. Die Essener haben ganz einfach eingesehen, daß es erst nach unten gehen muß, bevor es wieder aufwärtsgeht.

Der Bau der Universität ist jüngeren Datums. Vor rund einem halben Jahr wurde der erste von sechs Bauabschnitten nach der Investition von rund 36 Millionen DM in Betrieb genommen. Erst ein Anfang. Aber welchen Durchbruch bedeutet für Essen der Universitätsbau an sich. Allein vom Prinzip her. Potentaten der Vergangenheit unterbanden bewußt die Gründung von Universitäten im Ruhrgebiet. Es war Wilhelm II., der Universitäten für das Ruhrgebiet ausdrücklich verbot, weil er der Meinung war, höhere Bildung in dem für ihn als Reichsamboß und Waffenschmiede wichtigen Gebiet könnte die Arbeiter von ihrer eigentlichen Aufgabe ablenken. Hitler dachte ähnlich.

Nach der Ruhruniversität der Nachbarstadt Bochum auf der grünen Wiese (Campus-Modell) entsteht nun in Essen nach neuerem Verständnis eine Universität als integrierte Gesamthochschule. Gesamthochschule, weil sie sich nicht mehr nur schwerpunktartig einigen klassischen Disziplinen widmen, sondern sich mit einem breitgefächerten Bildungsangebot allen öffnen will. Integriert, weil sie nicht mehr draußen vor den Toren der Stadt, sondern mitten in sie hinein gebaut wird: als Bindeglied zwischen der kaufmännisch und behördlich genutzten Innenstadt sowie den Wohnbereichen im Norden und Nordosten der Stadt. Gerade da, wo die ungehemmte Industrialisierung im vergangenen Jahrhundert die Nachteile des Grau-in-Grau heraufbeschwor, ist neben der baulichen die geistig-kulturelle Ausstrahlung einer so großen Universität eminent wichtig. Es wird nicht nur eine Universität an sich gebaut, sondern eine Universität, die gleichzeitig Strukturverbesserung für jenen Stadtbereich erzielt, der es am bittersten nötig hat.

Nehmen wir nur die beiden derzeitigen Baugiganten: U-Bahn und Universität. Beide sind nach den Kosten Milliardenprojekte, beide sind Jahrhundertaufgaben, wie sie vorher noch nie eine Generation einzeln angepackt hat, geschweige denn gleich im Duett.

Darauf verweist heute die Essener Werbung, wenn sie von den Veränderungen im Gesicht dieser Stadt spricht. Der Zeigefinger des Fremdenführers im Sightseeing-Bus zeigt nach wie vor auf die für einen Stadtpark einmalige Blumenpracht der Gruga, auf fünf beheizbare Freibäder größten Stils, Freizeitplätze am Baldeneysee, auf den Baldeneysee selbst und die anderen Grünzonen. Aber dieser teilweise bis zu überspannter Lyrik gesteigerte Tanz um's grüne „Kalb", um Blümchenpracht, verspätete Waldromantik und Possierlichkeit im Seehundaquarium hat als Hauptzweck aufgehört. Daß die Stadt vor allem im Süden

Von der Bevölkerung voll angenommen wurde der 1971 in Betrieb genommene Revierpark Nienhausen, das 34 Hektar große Gemeinschaftswerk der Städte Essen und Gelsenkirchen sowie des Ruhrsiedlungsverbandes. Alt und jung fühlen sich in ihm wohl.

viel grüner ist, als manche denken, will sie nicht zur Leier machen. Am Ende wirkt das nur gestelzt. Das Wirkliche ist die Stadt selbst, das Urbane. Gerade da hat Essen jetzt endlich etwas zu bieten, oder es zimmert daran mit allen Kräften.

Der Publizist Peter von Zahn schrieb als Fazit einiger Reportagetage in Essen u. a.:

„Daß Essen viel arbeitet, weiß jedes Kind, daß es viel an sich arbeitet, ist weniger bekannt. Doch ist es wahr: die Stadt arbeitet dauernd an sich, um den Ruf loszuwerden, ein rußiger Kloß aus den Gründerjahren zu sein. Sie baut Bäder und Schulen, Parkanlagen und Krankenhäuser, Altersheime und Jugendzentrum wie kaum eine andere Stadt Deutschlands. Sie lichtet den Verkehrsdschungel, legt neue Stadtteile an, versucht die Schwären und Narben zu beseitigen, welche der Krieg und die allzu unbekümmerte Industrialisierung hinterließen."

Und nach einem gedanklichen Schwenk über die rauhen Jahrzehnte der Gründerzeit, der harten Maloche und kantigen Männerart schloß der welterfahrene Filmmacher und Journalist:

„Ist es vermessen zu prophezeien, daß Essen aus einer Männerstadt zu einer Stadt wird, die sich hübsch macht wie eine Frau? Essen hat das Zeug dazu, sich selbst zu übertreffen".

Sein Aufstieg begann mit einem simplen Löffel
Alfred Krupp – Industriegenie seines Jahrhunderts

Ein gutes Dutzend Bücher ist bisher über die Krupps geschrieben worden. In vielen anderen kommen sie vor – und das nicht nur am Rande. Einige Bücher sind publizistische Gefälligkeit, Hofberichterstattung. Einiges kann man als ausgeprägte Imagepflege bezeichnen. Doch vor allem in der Nachkriegszeit kamen Autoren, die sich keinen Deut um Krupp-Mythos und Dynastieverklärung kümmerten. Vor allem die Amerikaner legten sich mächtig ins Zeug. Ein unterschiedliches Echo hatte 1960 das 300-Seiten-Buch des New Yorkers Norbert Mühlen „Die Krupps". Das Urteil lautete von „Hinreißende Historie und Wirtschaftsgeschichte " über „Alles andere als objektiv" bis zu der Klage „Bitteres Unrecht".

Mühlen, Doktor der Ökonomie und einer der führenden Wirtschaftsjournalisten in den USA, wird mit seinem Buch bei Kruppkennern überwiegend auf der Minusseite verbucht. Aber was er mit seinen 300-Kruppseiten in den internationalen Blätterwald geblasen hatte, war nur ein Säuseln gegenüber dem Sturm, den der Amerikaner William Manchester entfachte, als er in mehreren Ausgaben von 1964 bis 1968 einen Nahezu-Bestseller auf den internationalen Buchmarkt knallte. Unter dem Titel „Krupp" beleuchtete er auf mehr als 800 Seiten zwölf Generationen Krupp.

Wochen und Monate hatte die Firma Krupp dem Autor bereitwilligst Archive und Literaturquellen geöffnet und Hilfestellungen bei den Recherchen gegeben. Dann erschien ein Buch, das Rücksichtnahme, geschweige denn Dankbarkeit in keinem der 33 Kapitel erkennen läßt.

Manchester geht vor allem mit den Nachfolgern des großen Firmenschmieds Alfred Krupp hart ins Gericht. Alfred-Sohn Friedrich Alfred, genannt Fritz, kommt dabei erheblich besser weg als dessen Schwiegersohn, der Bertha-Krupp-Gatte, Gustav von Bohlen und Halbach.

William Manchester wird nicht das letzte Krupp-Buch geschrieben haben. Wie immer man zu den Aussagen seines Wälzers stehen mag, schriftstellerisches Format wird ihm so leicht keiner absprechen können. Und er gehört auch nicht in die Dunkelgruppe derer, die über Krupp nur Pamphlete herausbrachten. Wie es heißt, bearbeitet zur Zeit ein Franzose den Krupp-Stoff aufs neue. Auch er wird nicht der letzte sein. Der Name Krupp enthält einfach zuviel Faszination für Schriftsteller und Journalisten. Das gilt international und insbesondere, wenn es sich aufs Lokale verengt.

Wer über Essen schreibt und Krupp vergißt oder als Randfigur abschiebt, ist entweder ein Unwissender oder bewußter Ignorant. Daß Essen zumindest bis zum Ende des 1. Weltkrieges 1918 Kruppstadt war, ist kein Ammenmärchen. Nur noch Jakob Fugger in Augsburg hat die Stadt wirtschaftlich und mythisch so beherrscht wie die Krupp-Dynastie Essen.

Wer auf dem familieneigenen Teil des Bredeneyer Friedhofes vor den Gräbern der Krupps steht, wird beim Anblick des dominierenden Grabmals von Alfred Krupp (1812 – 1887) diese Überhöhung im Tode für unangebracht halten. Kein Grabmal reicht auch nur annähernd an die Monumentalität des sechs Meter hohen dunklen Marmorgefüges von Alfred Krupp heran. Ist es echter Ausdruck der Dynastie, gerechte Abstufung, gemessen an der Figur Alfreds? Eines steht fest: Alfred Krupp war der Wegbereiter zu Kruppscher Größe, zwar nicht der Firmenbegründer, aber das industrielle Genie, das aus einem bankrotten Laden ein Wirtschaftsimperium schmiedete. Kein deutscher Industrieller hat es zu so vielen Superlativen gebracht wie dieser Alfred Krupp in der zweiten Hälfte des vorigen Jahrhunderts.

Unter den weltgrößten Wirtschaftsunternehmen steht die Firma Krupp heute per Umsatz an 28. und mit ihrer Beschäftigtenzahl an 51. Stelle. Auch die größten deutschen Firmen wie Volkswagen, Siemens, BASF und Daimler-Benz sind nur unter den letzten der größten zwanzig zu finden. Die führenden Wirtschaftsgiganten unserer Zeit sind die Amerikaner. Der Gigant seinerzeit aber war unbestritten Alfred Krupp in Essen. Als die Vereinigten Staaten 1865 erschöpft, geschunden und wirtschaftlich um Jahre zurückgeworfen den Sezessionskrieg zwischen den Nord- und Südstaaten beendeten, beschäftigte Krupp schon 8000 Arbeiter, fünf Jahre später 13000 und 1887 gar 20000. Seine in Altendorf errichtete Maschinenhalle 9 war die größte der Erde und die Härte des Kruppstahls das Fundament, das all diese Superlative trug. Krupp lieferte Eisenbahnteile und Waffen in alle Welt. Bevor Cornelius Vanderbilt in New York um 1870/75 der Eisenbahnkönig jenseits des Atlantiks wurde, war Alfred Krupp als solcher bereits im alten Europa gekrönt worden.

In das Eisenbahngeschäft stieg Krupp bereits 1849 ein. Sein Start: Von der Cöln-Mindener Eisenbahngesellschaft erhielt er den Auftrag, Stahlachsen für 200 und Stahlfedern für 500 Eisenbahnwagen zum Preis von 20000 Talern zu liefern.

Beim Bau der ersten Eisenbahnlinie durchs Ruhrgebiet (über Altenessen) hatte die Cöln-Mindener Essen zwar zwei Jahre vorher links liegengelassen – an Krupps Stahlqualität aber kam sie nicht vorbei. Weit und breit konkurrenzlos, wurde der Ruf nach Kruppschem Stahl um so lauter, als die bis dahin verwendeten eisernen Achsen in zunehmendem Maße brachen und Unfälle auf den Schienen verursachten.

Mit dem großen Paukenschlag führte Krupp sich aber erst 1852 in die Branche ein. Ihm gelang der Guß des ersten nahtlosen Eisenbahnrades. Ein gußstählerner Radkranz ohne Schweißnaht, der fortan das unangenehme Rumpeln auf den Schienen in die Vergangenheit verbannte – das war 1852 der Hit. Die Welt schaute zum ersten Mal nach

Fast ein bißchen zu versteckt steht das Alfred-Krupp-Denkmal an der Seite der kleinen Marktkirche. Von Tauben umschwirrt und vom Fußgängerstrom der City kaum beachtet, blickt der große Firmenbegründer eisern in das Großstadtgewühl.

Essen, genauer gesagt auf Krupp. Sie schaute nicht nur, sie bestellte. So fand Krupp als Produzent den Anschluß an die größte Errungenschaft der damaligen Zeit, die Eisenbahn. Er war der Mann, der die 1835 noch kurzatmig zwischen Nürnberg und Fürth ins Leben gesetzte Eisenbahn technisch in Fahrt brachte. Kruppscher Gußstahl löste bei den Rädern und Federn das brüchigere Eisen ab, und das nahtlose Rad machte das große Geschäft erst richtig flott.

Das nahtlose Eisenbahnrad war Krupps Sternstunde. Die Firma hat die Erfindung von 1852 auch zu ihrem Symbol erhoben. Das Firmenzeichen besteht aus drei ineinandergreifenden Ringen.

1852 hatte Essen 10500 Einwohner und Krupp 345 Mann Belegschaft. In dem Maße, wie Krupp im Eisenbahn- und später im Waffengeschäft groß wurde, stiegen Einwohnerzahl und Kruppbelegschaft geradezu parallel. Zehn Jahre später, 1863, erreichte Essen die 30000-Grenze und Krupp eine Belegschaft von rund 6000. Um die Zeit des deutsch-französischen Krieges 1870/71, als Kruppsche Eisenbahnteile ebenso wie Kanonen um so mehr begehrt waren, hatte es Essen auf 51500 Einwohner und Krupp auf rund 9000 Beschäftigte gebracht. Als Alfred Krupp 1887 starb, hatte Essen mit rund 75000 Einwohnern Dreiviertel des Marsches zur Großstadt hinter sich und die Firma 20000 Beschäftigte. Demnach hätte Krupp mit seiner Belegschaft fast 30 Prozent der Essener Bevölkerung erfaßt.

Die Rechnung geht so nicht auf. Die Kruppschen Werkszahlen standen in erster Linie in dem erst 1901 eingemeindeten Altendorf. Dort wie auch in Borbeck und Altenessen wohnten viele Kruppianer.

Krupp war nicht der einzige Essener, der sich in der industriellen Gründerzeit einen Namen im Ruhrgebiet machte. Franz Dinnendahl erbaute Anfang des 19. Jahrhunderts die erste Dampfmaschine im Ruhrgebiet und schuf Voraussetzungen, mit der neuen Kraft nach dem Durchstoßen der Mergelschicht den Kohleabbau in größeren Tiefen zu betreiben. Der in Essen geborene Friedrich Grillo, Nachfahre von eingewanderten Italienern, trieb als Besitzer mehrerer Zechen den Bergbau hoch und wurde später zum Begründer des heutigen Gelsenkirchener Stadtteils Schalke. Auch der Finanzier Ernst Waldthausen spielte eine große Rolle. Weitere Namen tauchen auf wie der an der Ruhr reich gewordene Ire Mulvany, der nach Mülheim abgewanderte Mitbegründer des Essener RWE, Hugo Stinnes, oder Theodor Goldschmidt, der von Berlin nach Essen zog und einen Chemiebetrieb von Weltrang aufbaute. Ohne die Verdienste dieser und anderer Wirtschaftler schmälern zu wollen, zunächst war es doch Alfred Krupp, der mit seinem einmaligen Aufstieg Macht und Glanz nach Essen holte.

Der spätere Kaiser Wilhelm I. beeilte sich, Krupp 1861 zum zweiten Mal zu besuchen. Wilhelm I. war nach dem Tod seines geistesgestörten Bruders Friedrich Wilhelm IV.

soeben zum König von Preußen ausgerufen worden und kam mit großem Gefolge. Alfred Krupp entrollte vor dem Monarchen ein Tagesprogramm, das einen Querschnitt durch die Kruppsche Produktion darstellte und in der Langatmigkeit für jeden Gast eine Zumutung bedeuten mußte. Von der Stahlerzeugung bis zur Herstellung von Achsen, Radkränzen und Kanonen kam in einem ermüdenden Tagesplan so ziemlich alles vor, was Krupp auf der Pfanne hatte.

Das goldbetreßte Gefolge des Königs ließ durch Gähnen, Unruhe und Murren in den hinteren Reihen mehr als deutlich erkennen, was es von der Demonstration des bedenkenlosen Schmieds namens Krupp dachte. Anders Wilhelm I. Von Natur aus mit geduldigem und ritterlichem Wesen ausgestattet, hielt er tapfer durch bis in die späten Abendstunden, obwohl auch ihm das Übermaß der Krupp-Schau an die Nerven gegangen sein mußte. Aber der Monarch wußte, daß er diesen Krupp brauchte, diesen besessenen Industriellen, den Eisenbahn- und Kanonenkönig.

Eingeweihte wunderten sich insofern nicht mehr, daß die jahrelang auf Eis liegende Forderung der Essener Industriellen nach einer Eisenbahnlinie mitten durch Essen schon im nächsten Jahr Wirklichkeit wurde. Leiser königlicher Nachdruck half, die auch von Alfred Krupp zum Transport seiner Güter und Arbeiter dringlich geforderte Strecke aufzugleisen. Die Rheinisch-Märkische Bahngesellschaft errichtete in der Verbindung Duisburg – Essen – Bochum – Dortmund eine Station da, wo heute der Hauptbahnhof steht. Wer ein Foto von diesem ersten „Hauptbahnhof" in Essen sieht, ist versucht, in schallendes Gelächter auszubrechen. An Häßlichkeit und Mickrigkeit war die Baracke kaum zu überbieten. Aber das war nun einmal der Barackenstil, roh zusammengehauen, nur dem Zwecke dienend. Immerhin, nicht mehr nur Altenessen, sondern nun auch Essen hatte seine Bahnlinie, seinen Bahnhof.

Das im Künstler-Teamwork geschaffene Gußstahldenkmal an der Krupp-Hauptverwaltung.

Weißglühend und funkensprühend strömt Kruppstahl in eine Gießpfanne.

Auch nach dem mit Kruppschen Kanonen gewonnenen deutsch-französischen Krieg 1870/71 und seiner Ausrufung als deutscher Kaiser hat Wilhelm I. Krupp erneut besucht. Mit Kruppschen Kanonen hatten die Generale des Kaisers Sedan erobert und den Franzosenkaiser Napoleon III. gefangengenommen. Neben dem Feldmarschall Moltke hieß der Sieger Krupp. Wie bitter muß dem Franzosenkaiser Louis Napoleon nach der Niederlage der Anblick der überlegenen Kruppschen Kanonen auf dem Weg ins Exil aufgestoßen sein. Jahre vor der kriegerischen Auseinandersetzung mit den Preußen hatte Napoleon den Essener Waffenschmied anläßlich der Pariser Weltausstellung 1867 eingeladen, mit seiner Fabrik nach Frankreich, in die Nähe von Paris, überzusiedeln. Alfred Krupp blieb in Essen. Auch der Schmied des Deutschen Reiches, Kanzler Otto von Bismarck, besuchte Alfred Krupp zweimal, vor und nach dem Krieg. Die beiden Hartschädel, so heißt es, fanden Gefallen aneinander. Sichtliche Freude hat Alfred über das Lob Bismarcks für die erstklassigen Pferde seines Marstalls auf dem Hügel empfunden. Der hochaufgeschossene, schlanke Krupp war leidenschaftlicher Reiter. Noch als Fünfundsechzigjähriger legte er den Weg vom Bredeneyer Hügel über die heutige Alfredstraße, Bismarckstraße usw. zu seinen Fabriken im Sattel zurück.

Von seinem Vater Friedrich Krupp, der am 8. Oktober 1826 neunundreißigjährig an der Wassersucht auf einem armseligen Strohlager des nicht minder armseligen Häuschens neben der Gußstahlfabrik in Altendorf starb, übernahm der 1812 am Flachsmarkt in Essen geborene Alfred Krupp eine bankrotte Firma und sieben Arbeiter. Es waren tüchtige Arbeiter, die Alfred unter allen Umständen zu halten suchte. Aber die Männer blickten voller Skepsis auf den halbwüchsigen Firmenchef, der ganze 14 Jahre alt war. Jedoch 14 und bald 15 Jahre können schon etwas sein, wenn sie einem Besessenen gehören. Alfred arbeitete 16 bis 18 Stunden, schlief wenig und schmiedete selbst in den wenigen Ruhestunden der Nacht Pläne für seine Fabrik.

Wie kaum ein anderer Industrieller konnte sich Alfred Krupp auf das lateinische Stammwort für Industrie berufen: industria = Fleiß, Betriebsamkeit. Am Anfang war Alfred Krupp alles in einer Person gewesen: Fabrikant, Kontorist, Ingenieur, Schmied, Arbeiter, sein eigener Lehrling und überdies ein Verkäufer und Vertreter, der anderen Leuten mit seinen Angeboten beachtlich auf die Nerven fallen konnte.

Mit Fleißparolen und der in Ruhrsandstein gehauenen Arbeiterruhepose präsentiert sich der Jahrhundertbrunnen. Er wurde anläßlich der hundertjährigen Zugehörigkeit Essens zu Preußen (1902) am Steeler Tor enthüllt.

Deilbachhammer in Kupferdreh, von dem Krupp seine ersten Großschmiedestücke bezog.

Krupps bahnbrechendes Erzeugnis: das nahtlose Eisenbahnrad – in der Lokomotivfabrik.

Sinnbild am Ruhrkohlehaus: Über dem Bergmann schwebt Sankt Barbara, die Schutzpatronin.

Präzision und Dimension stehen bei Krupp seit mehr als hundert Jahren in einem guten Verhältnis.

Wie ein Krämer zog Krupp mit Eisenfeilen durch die Gegend und verkaufte bis in den Abend hinein. Dann gelang ihm der erste Wurf seines Erfinderdaseins. Er konstruierte eine Walze, die am laufenden Band Löffel herstellte, simple Eßlöffel. Das erste Fließband der Welt war erfunden. Es spuckte ca. 1700 Löffel aus. Später kamen Gabeln hinzu. Die Löffelwalze half Alfred Krupp über Flauten hinweg. Eine verkaufte er nach England. Das war eine Sensation. England war bis dahin die Werkstatt der Welt. Krupp löste sie bald ab.

Eines der bezeichnendsten Utensilien in Alfreds Leben war ein großes Schreibgerät an seinem Bett. Wann immer der an Schlaflosigkeit Leidende wachlag oder aufwachte, er notierte Ideen und Anweisungen an seine Arbeiter. Kein Gedanke durfte verlorengehen für den nächsten Tag, an dem er der erste und der letzte in der Fabrik war. 30000 solcher Zettel hat das Krupparchiv später sammeln können – sicherlich nur einen Bruchteil dessen, womit Alfred Krupp auch zuletzt noch vom Krankenbett aus sein Imperium befehligte. Als er im Juli 1887 nach 75 Lebensjahren und 61 Arbeitsjahren auf dem Friedhof am Kettwiger Tor nahe dem Hauptbahnhof beigesetzt wurde, produzierten 20000 Krupp-Beschäftigte jährlich 197000 Tonnen Stahl und 570000 Tonnen Kohle.

Die Eisenbahnen der Welt liefen auf Krupp-Rädern, Krupp-Federn und Krupp-Schienen, und die damaligen Herrscher stützten ihre Macht nicht unwesentlich auf 25000 Kanonen, die Krupp in seinem Leben hergestellt und in anderer Herren Länder exportiert hatte.

Wie immer die Biographen den eigenwilligen, frostigen und mit zunehmendem Alter auch psychopathischen Mann, den inzwischen weltberühmt gewordenen Schmied von Essen, charakterisieren – für Essen bleibt festzuhalten: Alfred Krupp war der Gründer unter den Gründern. Er führte Essen aus dem Aschenbrödeldasein des säkularisierten Kleinstädtchens zu industriellem Weltruhm. Knapp ein Jahrzehnt nach seinem Tod, 1896, erreichte Essen mit 100000 Einwohnern die Großstadtgrenze. An der Spitze von nunmehr rund 40000 Kruppianern stand der einzige Sohn Alfreds, Friedrich Alfred, genannt Fritz.

Hatte Wilhelm I. als König von Preußen und späterer Kaiser des Deutschen Reiches Alfred Krupp in Essen viermal die Ehre gegeben, so leitete Kaiser Wilhelm II. am 28. Oktober 1896, dem Essener Geburtsjahr als Großstadt, ein wahre Inflation von Besuchen in Essen ein. Auf Villa Hügel in Bredeney wurde sooft in den nächsten 22 Jahren bis ins späte 1918 hinein der kaiserliche Stander aufgezogen, daß sich in Europa beharrlich das Gerücht hielt, der Hohenzollernkaiser profitiere am Kruppschen Produzieren. (Fortsetzung Seite 59)

Die einstige Stadt der Zechen und Fabriken wandelte sich in eine Stadt des Handels und Verkehrs. Zugleich wurde aus der früher größten Bergbaustadt Europas die Stadt der Energie. Mit dem Rheinisch-Westfälischen Elektrizitätswerk (RWE) hat Europas größter Stromerzeuger seinen Sitz in Essen. Was das RWE in der Elektrizität, ist die Ruhrgas AG in ihrem Metier: größte europäische Gaslieferantin. Schließlich verwaltet die Ruhrkohle AG den Ruhrbergbau (Bilanzsumme ca. 8 Milliarden DM), und der Gesamtverband des Deutschen Steinkohlenbergbaus betreut von Essen aus alle bundesdeutschen Zechen im Ruhrgebiet, Aachener sowie Ibbenbürener Revier und Saarland. – Drei Fotos von einst und jetzt: Im Haus der ehemaligen Essener Steinkohle AG arbeiten Abteilungen der Ruhrkohle AG (Bild oben). Straßenbahn und künftige U-Bahn vor dem Hintergrund von Konzernsitzen, in denen Energie (Strom und Stromerzeugnisse) gehandelt und Leben versichert wird. – Rechte Seite: vergangene Epoche, stillgelegte Zeche (Gottfried-Wilhelm), fast schon Nostalgie.

Nach Dortmund ist Essen die größte Bier-
brauerstadt des Ruhrgebietes. ▷

Großmarkt, bunte Welt und Umschlagplatz
für Obst und Gemüse. ▷

Mit einem nichteinlaufenden Taftstoff behaupten die Colsman-Werke eine führende Position am einschlägigen Markt (unten).

Rechts oben:
Kupferne Sudkessel der Stern-Brauerei.

Stadthafen am Rhein-Herne-Kanal – Wasserstraße neben der neuen Autostraße des Emscherschnellweges. ▷

Das Haus der Technik mit dem Säulengang aus zwei Perspektiven (oben und Mitte).

Mettage einer in Essen erscheinenden Tageszeitung. Mit der WAZ wird in Essen die größte deutsche Abonnentenzeitung und mit der NRZ eine weitere Zeitung der Spitzenklasse verlegt. Die Ruhr-Nachrichten unterhalten in Essen eine leistungsstarke Redaktion. Weitere Blätter sorgen in Essen noch für eine bunte Presselandschaft – unter ihnen die „Borbecker Nachrichten", die mit einer Auflage von 21 500 Exemplaren die stärkste lokale Wochenzeitung der Bundesrepublik sind.

Nächtliche Szene in einer Kokerei.

Paris: „Die Hauptstadt der Macht ist Essen"

Das Ruhrgebiet war längst zum wirtschaftlichen Kraftquell des Reiches geworden. Immer wieder wurde das Wort der Londoner „Times" zitiert, daß die Kruppstadt Essen in Wahrheit der Amboß sei, auf dem das Schwert des Reiches geschmiedet werde. 1912 schrieb Frankreichs führendes Wirtschaftsmagazin, von nahezu allen Pariser Zeitungen zitiert: „Der Kaiser der Deutschen regiert in Berlin. Aber die Hauptstadt seiner Macht ist Essen."

Gleich bei seinem ersten Besuch in Essen erlaubte sich Kaiser Wilhelm II. einen Gag. S.M., wie der uniformierte und helmbewehrte Monarch zu seiner Zeit kurz preußisch zackig genannt wurde (Seine Majestät), besuchte unangemeldet zusammen mit Fritz Krupp die Stadtverordnetenversammlung. Ein Gemälde im Stadtarchiv besagt heute noch, welche Überraschung „Höchstderselbe" bei seinen untertänigsten Dienern auslöste. Alles ging im wahrsten Sinne des Wortes in die Knie, nur Oberbürgermeister Erich Zweigert gewann schnell wieder Fassung und begrüßte S.M., derweil Krupp neben dem Kaiser ungewollt, aber um so deutlicher zu verstehen gab, welcher Mächtige der Stadt den Mächtigen des Reiches vorgeführt hatte. Dennoch, Zweigert war auch in der Krupp-Ära einer der Glücksfälle, die Essen mit weiteren Oberbürgermeistern wie Wilhelm Hollè, Hans Luther, Franz Bracht und Gustav Heinemann, Hans Toussaint, Wilhelm Nieswandt und Horst Katzor bis in die heutigen Tage zu verzeichnen hat.

Das Bild auf der rechten Seite zeigt einen Elektroschlacke-Umschmelzofen zur Erschmelzung hochwertiger Stahlqualitäten.

Diesel und Nobel kamen mit Patenten

Mehrere Erfinder von Weltruf verbanden sich mit dem Namen Krupp. Am 10. April 1893 erschien bei Krupp ein 36jähriger Maschinenbauingenieur mit einem taufrischen Patent für eine neue Art von Verbrennungsmotor. Es war der aus Augsburg gekommene Rudolf Diesel, der in Essen der Kruppschen Vorstellung von der Güte des Kruppstahls entgegenkam, indem er in seinem Vortrag über „Theorie und Konstruktion eines rationellen Wärmemotors" dem beeindruckten Fritz Krupp erklärte: „Meine ganze Maschine muß aus Stahl hergestellt werden." Bei Krupp in Essen unter Mithilfe der Augsburger Maschinenfabrik erbaut, präsentierte Rudolf Diesel vier Jahre später der aufhorchenden Welt den nach ihm benannten Wärmemotor, den „Diesel". Die beachtenswerte Leistung von 32 PS brachte der erste Dieselmotor auf die Beine.

Ein weiterer Großer war schon 1888 zum Kruppschen Hügel gekommen, der Stockholmer Chemiker und Industrielle Alfred Nobel. 21 Jahre nach seiner Erfindung des Dynamits präsentierte der spätere Stifter des Nobelpreises der Firma Krupp das rauchlose Schießpulver. Das war im wahrsten Sinne des Wortes Pulver auf die Pfanne der Kruppschen Kanonenproduktion. Die revolutionierende Erfindung Nobels hatte den Vorteil, daß kein Pulverdampf mehr die Stellung der Geschütze verriet und die Soldaten nicht in schwärzenden Pulverdampf hüllte. Weil das neue Schießpulver auch eine wesentlich höhere Schubkraft hatte, war es für die per Lizenz von Hiram Maxim erworbenen Maschinengewehre ebenso bedeutsam wie für die Konstruktion noch weitertragender Kanonen. Kruppsche Gußstahlkanonen wurden langgestreckt, durchschlagkräftiger und eilten in der Qualität den übrigen Waffenherstellern noch weiter voraus.

Wenn Krupp-Biografen, Archivare und zu allen Zeiten gepflegte Public Relations immer wieder herausstellen, daß der Eisenbahnkönig Krupp größer war als der gleichnamige Kanonenkönig, so ist das erstens verständlich und zweitens berechtigt. Abgesehen von dem mit fürchterlichen Verbrechen belasteten zweiten Weltkrieg, als die Firma Krupp einschließlich der rund 100000 Fremd- und Zwangsarbeiter die gigantische Belegschaft von 273000 Leuten unterhielt, hat der Waffenanteil an der Kruppschen Produktion 28 Prozent nie überschritten. Die Hauptsäule war die Eisenbahn.

Auch die Amerikaner bezogen pausenlos Eisenbahnteile aus Essen. Mochten sich die Gesellschaften um New York, in Pennsylvania, im mittleren Westen von Oklahoma oder im Wilden Westen von Colorado, Arizona und Kalifornien befehden, wichtige Teile ihrer konkurrierenden Eisenbahn bezogen sie aus der gleichen Quelle: Essen. So mancher Wildwestfilm, der vor dem Hintergrund der Jahre von 1855 bis um die Jahrhundertwende die Geschichte der landerobernden Eisenbahn mit rauchenden Colts und Indianerpfeilen schreibt, müßte gerechterweise auch einmal die drei Kruppschen Ringe aus dem fernen Essen „Made in Germany" ins Bild rücken.

Wieviel Kanonen, Kriegsschiffe, U-Boote und vor allem Antriebswellen für Schiffe aller Art Krupp im Laufe eines Jahrhunderts hergestellt hat, von der Waffenproduktion ist heute in Essen nichts mehr zu spüren. Im „Gemischtwarenladen Krupp", wie er heute treffender bezeichnet wird, steht im Vordergrund das geistig-technische Know-how. Und das drückt sich in erster Linie in fertigen Fabriken und Maschinenanlagen aus, die in aller Welt von Krupp errechnet und errichtet werden. Von den 80000 Krupp-Beschäftigten arbeiten in Essen noch rund 13000. Essen steht wirtschaftlich inzwischen neben Krupp auf vielen anderen Beinen. Die einstige Monostruktur mit Stahl und Kohle hat sich als Tausendfüßler entpuppt. Aus dem plumpen Koloß wurde zukunftsträchtige Stromlinienform.

Die Kettwiger Straße mit stilvollen neuen Fassaden. Eine Attraktion für die Passanten ist immer wieder das Glockenspiel mit den wandernden Figuren im blauen Turm.

Pittoreske Farbtupfer im Bild der Innenstadt: junge Musikanten spielen flotte Rhythmen, und der von ihnen aufgestellte Hut erbittet ebenso flotte Gaben.

Rechte Seite:
Ein Hauch Pariser Boulevardcafé mit Blick auf den Glockenspielturm.

Sie zogen wie die Motten zum Licht

Das Ruhrgebiet unterliegt dem schier unentrinnbaren Schicksal, alle Jahre wieder von irgendeinem entdeckt zu werden: publizistisch, fotografisch, per Filmkamera. Vor einigen Jahren zog ein Mann durchs Revier und „schoß" einen Bildband zusammen, den er als „Ruhrgebiet" ausgab. Es war ein einziger Trauerkloß. Die Bilder erschienen schwarz in schwarz. Grau war schon ein lichter Farbton.

Kaum war der Ärger verebbt, entwarf ein Kölner Fernsehregisseur das Tristessgemälde „Frauen an der Ruhr". Im Ruhrgebiet leben rund 2,9 Millionen Frauen und Mädchen, weibliche Geschöpfe, wie es sie überall in Deutschland gibt – sieht man einmal von hinterwäldlerischen Inzestgebieten ab. Aber die Ruhrfrauen des Fernsehautors waren ausschließlich plumpe, plebejisch dahinplappernde Typen. Sein Arsenal, aus dem er seine „Frauen an der Ruhr" bezog, war im wesentlichen ein 45köpfige Kolonne von Putzfrauen, die ein Hochhaus säuberte.

Als die Oberbürgermeister von Essen und Bochum einwandten, daß der Titel „Frauen an der Ruhr" angesichts einer solchen Auslese unzutreffend, wenn nicht gar anmaßend sei, sahen einige Fernsehleute ihre Kunst verkannt.

Den Autor Menge, der partout das Ruhrgebiet für seinen „Smog"-Film haben wollte, verdroß speziell in Essen, daß er nicht genügend Schornsteine, Industriefeuer und nicht einen einzigen Hochofen für seine Schauerkulisse vorfand. Er behalf sich mit Schornsteinen von Bayer-Leverkusen und montierte sie in die Ruhrkulisse ein. Schon bei früherer Gelegenheit hatte WDR-Intendant Claus von Bismarck freimütig eingeräumt, daß es wohl immer wieder Leute gäbe, die sich von alten Klischees verführen ließen.

Wer wollte leugnen, daß es im Ruhrgebiet und somit auch in dieser Stadt noch graue Hinterhöfe gibt, verrottete Arbeitersiedlungen, sanierungsbedürftige Stadtbezirke. Aber die gibt es genauso gut in Düsseldorf-Flingern und Köln-Kalk.

Alle die zu uns kommen, um das Ruhrgebiet aufs neue zu entdecken, etwa wie die Buschneger im Kongo oder die letzten Wilden auf Mindanao, sie kommen um 60, 40 oder zumindest um 15 Jahre zu spät. Das, was sie heute immer noch nachvollziehen wollen, hat es zweifellos einmal gegeben, am schlimmsten um die Jahrhundertwende – unter modernen Techniken etwas gemildert, aber noch immer belastend in den dreißiger Jahren, als Fabriken und Zechen für Hitlers Rüstung mit Volldampf gefahren wurden.

Böhmer

Nach der Zwangspause durch Kriegszerstörung und Nachkriegsauszehrung ließ Anfang der fünfziger Jahre das Kohlemachen um jeden Preis auch wieder den allerletzten Schornstein rauchen. Wer Reminiszenzen aus diesen vergangenen Jahrzehnten aufzeichnen möchte, wird in den Essener Annalen viel Stoff finden. Er braucht zudem nur die alten Essener zu fragen. Sie kennen noch den Ruhrpott mit der bitteren Luft, wo man Ruß und Rauch auf der Zunge schmeckte. Diese qualmüberwallte Landschaft, die eigentlich mehr und mehr als Landschaft starb und statt dessen als Industriemechanismus aufwuchs, in dessen Schatten der Mensch hinter Fördertürmen und Maschinen klein und kleiner wurde.

In den Jahren vor und nach der Jahrhundertwende glich Essen immer noch einer Goldgräberstadt. Nur daß die Faszination Gold durch weniger Glitzerndes ersetzt werden mußte: durch harten Stahl und alles einschwärzende Kohle. Wo Rauch ist, ist auch Feuer. Und wo Ruß war, war auch Geld. Industrie war der Magnet, der die Menschen anzog. Zechen und Fabriken schickten gutbezahlte Werber aus, die fernab in Ostpreußen, vor allem in den Masuren, in den unterentwickelten Gebieten Polens und der Tschechei gleisnerische Bilder vom Ruhrgebiet entwarfen und Geld versprachen. Und sie kamen in Scharen, zumeist gutwillige, von Armut gebeutelte Menschen, die einmal Goldmark in der eigenen Hand blitzen sehen wollten: Tagelöhner, Erwerbslose, Gutsknechte, armselige Handwerker. Wie landschaftlich schön ihre Heimat auch immer war, sie wichen vor der Not oder der Peitsche des Gutsherrn. Viele begaben sich auf den Treck zum Westen.

Essen war der größte Moloch, der bereitwillig schluckte, was Männerhände hatte und zupacken wollte. Mochte es nach Ruß und Koksgas riechen, es roch auch nach Geld. Und in den hundert Jahren von 1860 bis 1960 stieg die Bevölkerung des Ruhrgebietes um das 15fache, die der Stadt Essen um gut das 36fache, nämlich von 20000 auf 730000. Mit diesem Wachstum erreichte Essen in Europa den absoluten Rekord. Sechsunddreißigfach in hundert Jahren. Zum Vergleich: in Deutschland stieg die Bevölkerung im gleichen Zeitraum um das Dreifache. Von 20000 auf 730000 Einwohner in hundert Jahren, diese Bevölkerungsexplosion war ohne Schrammen und Dammbrüche nicht zu verkraften – auch wenn man bedenkt, daß die Fläche Essens von ursprünglich 8,8 Quadratkilometern durch Eingemeindungen auf 195 Quadratkilometer wuchs. Die wahrhaft raumbringenden Stadtteile wie Werden, Kupferdreh, Heisingen, Überruhr, Steele, Kray, Stoppenberg und Karnap kamen erst 1926 hinzu, als Essen bereits 475000 Einwohner hatte. Die flächenmäßig größten Brocken waren zuvor Borbeck, Bredeney und Haarzopf 1915 gewesen.

Als die (nach der Germanischen des 4. und 5. Jahrhunderts) größte Völkerwanderung um 1930 zum Stillstand kam, lebte jeder achte Reichsdeutsche im Ruhrgebiet, jeder hundertste in Essen. War das Land der Zechen und Hütten, der Feuer und Schmieden auch die Heimat dieser Menschen geworden? Schwer zu sagen. Jedenfalls wohnten sie hier, arbeiteten, vergossen Schweiß, verdienten Geld und ergriffen Besitz von dem neuen Land. Zusammen mit den Einheimischen und den aus Süd- und Westeuropa Hinzugekommenen prägten sie Stadt und Land an der Ruhr.

Was sie vorgefunden hatten, schien von Hephästus, dem Gott der Erdfeuer und Schmieden, vorgezeichnet zu sein. Unter all den Götterkindern des Zeus war Hephästus für die alten Griechen der Tüchtigste. Der Mythologie nach bewunderten alle in ihm den Künstler, der den anderen Göttern Paläste erbaute, Kostbarkeiten schuf und glänzende Waffen wie den Schild des Achill schmiedete. Aber sie belächelten ihn auch wegen seiner absonderlichen Gestalt. Homer ließ Hephästus hinken. Der von Zeus geschaffene Meister der Feuer und Schmieden war tüchtiger als alle anderen seiner Geschöpfe, aber gezeichnet. Es war, als wollte das Land an der Ruhr immer noch des Hephästus' Weisungen folgen: an Tüchtigkeit unschlagbar, an Schönheit hinterherhinkend.

Doch die Menschen, die kamen, fragten nicht nach dem Schönheitspreis. Fabriken boten Arbeit, Arbeit war Geld, Geld versprach Geborgenheit, und Geborgenheit ließ Heimat entstehen. In dieser Kette gibt es sicherlich noch hundert andere Glieder, die damals wie heute reiben, schinden, schmerzen und gar töten. Aber letztlich ist es doch die Kette, an der man sich festhielt, die einen an das Werk schmiedete und ans neue Land band.

Viele haben versucht, den Menschenschlag der seinerzeit größten Werkstatt der Welt zu beschreiben, die Mixtur zu definieren, aus der diese buntgewürfelte Bevölkerung entstand. Vielleicht ist es Heinrich Böll in seinen Impressionen 1957/58 am besten gelungen. Er schreibt u. a.:

„Das Wort Ruhr hat sowohl mythischen Beiklang wie den Unterton begrifflicher Sprödigkeit. Gedankenverbindungen lösen sich aus, wenn der Name dieses kleinen Flusses fällt, der aus lieblichen sauerländischen Tälern kommt: Krupp – Essen – Kanonen – Bergleute – Macht. Da unten, da oben, da im Westen – sagen die Deutschen – da riecht es nach Ruß und Geld, nach Hütte und Kohlenstaub, nach den Abgasen der Kokereien, den Dämpfen der Chemie – und es riecht nach Macht. Denn Stahl und Kohle sind Macht. Aber es riecht vor allem nach Menschen, nach Jugend, Barbarei und Unverdorbenheit."

Und an anderer Stelle: „Die Bevölkerung ist großstädtisch, doch nicht überall städtisch; in vielem erinnert sie an die nüchterne Herzlichkeit der Berliner: Die Menschen sind schlagfertig, hilfsbereit. Nirgendwo sonst in Deutschland sind die Menschen so nüchtern, herzlich, einfach und schlagfertig. Es scheint so, als ob die Touristenindustrie die Menschen eher verdürbe als Hütte und Grube."

Und abends in die Discothek, hier am Hauptbahnhof „Mississippi". ▷

MISSISSIPPI
MISSISSIPPI

Rechte Seite:
Der Kurienplatz im Abendlicht mit der angestrahlten Münsterkirche während der spätherbstlichen Lichterwochen.

Zur Sommerzeit locken die Wasserbecken auf dem Kennedyplatz und dem Kurienplatz (Bild links oben) immer wieder zu vergnüglichem Planschen. – Unter den gefiederten Bewohnern der Innenstadt beherrschen die Tauben einwandfrei die Szene, vor allem von Kindern (unser Bild) und älteren Menschen mit Futter verwöhnt.

Siesta der Veteranen auf dem Kennedyplatz – die Kreuzigungsgruppe (Bild unten rechts) seitlich der Bischofskirche an der Kettwiger Straße.

Durch den Erfolg kleinerer Vorläufer beflügelt, hat sich Ende 1973 erstmalig die Internationale Weihnachtsmesse auf dem Kennedyplatz aufgetan. Zwischen Karussells und anderen Jahrmarktrequisiten präsentierten 80 in- und ausländische Kaufleute ihr Weihnachtsangebot. Für das bunte Treiben hatten die Veranstalter eine originelle Kulisse gewählt. In verkleinertem Maßstab, aber getreuer Nachbildung säumten die Fassaden von Alt-Essen die Verkaufsstraßen. So erlebten die Essener Häuser und Straßenfronten, die sie nur noch aus Geschichtsbüchern kannten – oder auch nicht.
Die meisten Nachbildungen stellten Häuser des 15. bis 19. Jahrhunderts dar. So wurde das Kleinstädtchen des Mittelalters und der folgenden Jahrhunderte wieder lebendig.
Vor der historischen Kulisse erwies sich die Weihnachtsmesse als eine echte winterliche Attraktion. Mehr als eine Million Besucher kamen. Sowohl in diesem Jahr als auch in den folgenden Jahren soll der Weihnachtsmarkt wiederholt werden. In der winterlichen Messe sehen die Veranstalter auch eine sinnvolle Ergänzung der Essener Lichterwochen, die seit 1949 von Ende Oktober bis Anfang Januar aufflammen und die Innenstadt mit effektvollen Lichtformen illuminieren.

Essens Wahrzeichen ist das „Wachsame Hähnchen", hier vergoldet auf der Säule des Kurienplatzes. Nur die lokale Legende sagt dem „Wachsamen Hähnchen" ähnliche Warnfunktion nach wie einst den Gänsen des römischen Capitols.

Nahezu unberührter Schnee auf dem Kennedyplatz. Die Aufnahme entstand an einem frühen Sonntagmorgen. Im Vordergrund die Kolbe-Figur „Die Badende". Wegen der schädigenden Einflüsse aus dem ringsum brandenden Kraftfahrzeugverkehr muß die Figur von diesem Platz verbannt und in die umweltfreundliche Gruga transportiert werden.

Wo die Mark am meisten wert ist

Wer nach Essen zieht, wundert sich über die Vielzahl der Wochenmärkte. In der Innenstadt und den Stadtteilen entfalten allwöchentlich nicht weniger als 22 Wochenmärkte ihr buntes Leben. Worauf ist diese Marktfreudigkeit zurückzuführen? In etlichen Eingemeindungsverträgen mußte Essen den hinzukommenden Gemeinden die Aufrechterhaltung des jeweiligen Wochenmarktes verbriefen. Dem Marktwesen kommt zudem die Mentalität der Ruhrgebietsmenschen und ganz speziell der Essener entgegen. Sie sind preisbewußt, wählerisch und sparsam. Die übersichtlich vor ihnen ausgebreitete Palette der Wochenmärkte läßt abwägende Vergleiche zu.
Neben dem konkurrenzbetonten Angebot der Einkaufsstadt tragen die Wochenmärkte zu einer relativen Preisdisziplin bei.
So konnte die Hamburger Illustrierte „Stern" als Ergebnis einer Untersuchung in den 20 größten deutschen Städten melden, daß die Mark in Essen noch am meisten wert war – die Essener Preise liegen am günstigsten.
Beschickt werden auch die Wochenmärkte weitgehend durch den Großmarkt am Berliner Platz, der zu den größten Westdeutschlands zählt. Obst, Gemüse und Lebensmittel aus aller Welt treffen hier en gros zusammen. Interessant, aus wie vielen Himmelsrichtungen allein die Apfelsinen kommen: Israel, Zypern, Südafrika, Brasilien, USA, Spanien, Italien und Jugoslawien. Und wie weit rollt so manches Äpfelchen, in das wir herzhaft beißen. Die ersten Frühjahrsäpfel kommen 12000 bis 20000 Kilometer weit aus Chile und Australien. Auch die Länder des Ostblocks gehören zu den täglichen Lieferanten.

Rechte Seite:
Der Limbecker Platz mit dem Iduna-Hochhaus ist seit einiger Zeit Großbaustelle für die U-Bahn, die hier vom Wiener Platz zum Berliner Platz und damit weiter zur künftigen Universität gezogen wird.

Bis zum Viehofer Platz wurde die Viehofer Straße (rechts) als Fußgängerzone ausgebaut. Als Stadt der Fußgängerstraßen leistet Essen bereits seit Ende der 50er Jahre weithin beachtete Pionierdienste. ▽

IDUNA Versicherungen
Wenn's um Geld geht
SPARKASSE ESSEN
ESSEN
U-BAHN

KARSTAD

Das 1968 in Betrieb genommene erste Stück der Essener U-Bahn unter der Huyssenallee seitlich des Städtischen Saalbaues. Der erste Abschnitt der Essener U-Bahn mit einem Netz von 15 Kilometern wird 1979/1980 betriebsfertig sein. Dann wird auch dieses unterirdische Stück nicht mehr nur von der Straßenbahn, sondern in echter U-Bahnmanier befahren.

Seite 72
Moderne Innenarchitektur präsentiert sich in der Empfangshalle des Karstadt-Konzernsitzes nahe der A 214 in Bredeney. Von Essen aus wird der größte Kaufhaus-Konzern Europas geführt.
Seite 73
Essens ältestes Großkaufhaus am Limbecker Platz, Karstadt, den alten Essenern noch unter dem Namen Althoff bekannt.

△
Die Limbecker Straße gehört zu den ertragreichsten Geschäftsstraßen der Bundesrepublik.

Blick auf die Gertrudiskirche am Pferdemarkt. ▽

Das 1925 errichtete Deutschlandhaus, heute hauptsächlich Sitz der Bauverwaltung, war seinerzeit Essens höchstes Bauwerk. Die Hochhäuser von heute lächeln milde darauf hinab. ▷

Man fällt von einem Geschäft ins andere

Neben Köln war Essen viele Jahre lang unangefochten die beste Einkaufsstadt des Westens. Die Essener City hatte zwei (be)stechende Trümpfe auszuspielen:
1. umfassendes Warenangebot in räumlich günstiger Konzentration,
2. durch hohe Umsätze und sich gegenseitig belebende Konkurrenz besonders preiswert.

Auch die Nachbarin Düsseldorf ist eine bedeutende Einkaufsstadt. Aber Essen galt und gilt unbestritten als preisgünstiger. Den Düsseldorfer Preisen schreibt man leichthin einen gewissen Schuß von Snob-appeal zu. Essen kann sich preisliche Extravaganzen nicht erlauben. Es kalkuliert entsprechend.

Zu dieser Gewißheit gesellt sich die einmalige räumliche Gunst des Essener Geschäftsviertels. Auf der Bannmeile zwischen dem Hauptbahnhof und dem Limbecker Platz beziehungsweise dem Viehofer Platz reiht sich ein Geschäft an das andere. Hat man in anderen Städten vielfach den Eindruck, daß sich große Kaufhäuser regelrecht aus dem Wege gingen, in Essen rückten sie sich buchstäblich auf die Pelle. Der Käufer erreicht auf kürzestem Weg alles. Er fällt, wenn man so will, von einem Geschäft ins andere.
Essens Stern als Einkaufsstadt leuchtete weithin bis zum Niederrhein und nach Westfalen. Die Einkaufsstadt ist nach wie vor ein Magnet. Aber in ihr Kraftfeld haben sich in den letzten zwei, drei Jahren ringsum Satelliten geschoben. An Essens Grenzen ließen sich im Westen und Osten Einkaufszentren auf der grünen Wiese nieder. Zudem verstärkten die Nachbarstädte ihr Kaufhausangebot. Die Einkaufsstadt Essen spürt die draußen hochgeschossene Konkurrenz. Sie war die attraktivste. Nun muß sie noch attraktiver werden, um Hinzugekommenes erneut zu überstrahlen.
Neue Impulse verspricht sich die Stadt von einer Erweiterung der Einkaufsstadt. Mit dem Anfang 1975 in Bau gehenden Rathaus auf dem Ribbeckplatz soll über dem Porscheplatz in mehreren Etagen ein Citycenter entstehen, das neben einem Kaufhaus mit rund 15000 Quadratmetern Verkaufsfläche (Kaufhof AG) und 70 bis 80 Einzelhandelsgeschäften ein Gastronomieviertel mit Bar, Tanzlokal, Spielbetrieben und zudem ein Studiotheater umfassen wird.

Blick durch das Oval des Straßenschmucks im Bereich des Flachsmarktes.

Abendliches Lichterspiel in der belebten Limbecker Straße. ▷

KJ3
PORST
HiFi
studio
PHOTO PORST
ANDRE
SCHUHE
PHOTOPORST
DEICHMANN
Bata
Bata
Bata

Ein Museum von Weltrang

Wer die großen Gemälde des Mittelalters, der Renaissance und des frühen Barock sehen will, mag in die Uffizien von Florenz, in den römischen Vatikan oder in den Pariser Louvre fahren. Da hängen die Meisterwerke von Botticelli, Tizian, da Vinci, Michelangelo und Zeitgenossen. Viel näher hat der es, der sich zu den Großen des Barock oder Klassizismus hingezogen fühlt. Rubens, Rembrandt, van Dyck, Canaletto, Breughel oder Hals sind in Amsterdam, Brüssel, Köln oder in Dresden zu sehen. Wer aber die Zeugen der Malerei des 19. und 20. Jahrhunderts vor Augen haben will, wird immer nur einen Bruchteil erwischt haben, wenn er das Folkwang-Museum in Essen versäumt. Essen ist die Fundgrube für Freunde des Impressionismus, Expressionismus, der Fauves und der Modernen bis heute.

Essens Folkwang-Museum in einem Atemzug zu nennen mit dem Louvre, der Sixtinischen Kapelle oder dem Rijks-Museum Amsterdam, ist das nicht vermessen? Vermessen nur dann, wenn man die Meister früherer Jahrhunderte, die Patina von Renaissance und Barock höher einschätzt als das, was in den letzten hundert Jahren als malende Genies nach vorne drängte. Der Kunstkenner hat das nicht nötig. Er kennt die Betrachtungsweise: alles zu seiner Zeit. Also haben auch die Originale des Folkwangmuseums gleichwertigen Rang und damit Weltgeltung.

Viele Große des 19. und 20. Jahrhunderts sind in dem nicht nur modernen, sondern auch anheimelnden Gebäude des Museums an der Goethestraße zu sehen. Um nur einige aufzuführen: Cézanne, Corot, Daumier, Gauguin, van Gogh, Liebermann, Manet, Monet, Renoir, Delacroix, Slevogt, Spitzweg, Braque, Picasso, Chagall, Miro, Klee, Marc, Feininger, Rohlfs, Nolde, Matisse, Heckel, Dix, Kandinsky, Kirchner und viele andere. Wer beispielsweise die Handschrift von Toulouse-Lautrec nachempfinden möchte, braucht nicht unbedingt auf Montmartre zu stöbern. Folkwang hat auch ihn mit einigen Grafiken, vor allem mit Lithografien im Plakatmuseum.

Folkwang, das klingt nach Germanentum und Walhalla. Es klingt nicht nur so. Der Begründer des Folkwang-Museums, der Hagener Bankier Karl Ernst Osthaus, war wie viele seiner Generation in der altnordischen Edda-Sage zuhaus. Er hat seine ursprüngliche Privatgalerie nach Folkwang benannt, dem Palast, den die Göttin des Frühlings, der Liebe und der Schönheit, Freya, nach der Mythologie im Götterdasein Walhall bewohnte. Er sah in Freya vornehmlich die Göttin des Frühlings, des Aufbruchs in eine neue Zeit. Das entsprach seiner Konzeption für das Folkwangmuseum als Hort der Avantgarde.

Als der Essener Oberbürgermeister Hans Luther, später Reichskanzler und mit Schacht Beender der Inflation, die Folkwang-Sammlung 1921/22 mit viel Geschick für Essen erwarb, blieb der germanische Name. Was kann man schließlich auch gegen Frühling, Schönheit und Liebe haben? Dieses Hangen am alten Namen aber berechtigt nicht den Verdacht, daß im Essener Museum altgermanischer Kult getrieben würde. Im Gegenteil: eher dem Neueren aufgeschlossen, wenngleich auch klassische Meister wie Caspar David Friedrich, Ludwig Richter, Adolf von Menzel u. a. nicht fehlen.

Aber nicht nur Großzügigkeit ist Trumpf. Der international anerkannte Leiter des Folkwang-Museums, Dr. Paul Vogt, hat mit seinen Mitarbeitern längst den alten Pfad verlassen, in würdevoller Langeweile auf Besucher zu warten. Er startet Aktionen, zieht Sonderausstellungen auf, interessiert die Kinder, provoziert mit Hypermodernem – kurzum man rührt sich, tritt an den Menschen heran, macht ihn aufmerksam, lädt ein. Mit mehr als 300000 Gästen zählte das Folkwang-Museum 1973 zu den drei bestbesuchten der 35 Museen in Nordrhein-Westfalen.

Eine international anerkannte Kulturstätte ist das Essener Folkwangmuseum. Aus den Stilrichtungen der letzten hundert Jahre umfaßt sie eine der besten Sammlungen der Welt. Das gilt besonders für den Impressionismus und Expressionismus. Unser Foto zeigt zwischen der Marmorgruppe der jungen Männer von Georg Minne das Gemälde „Frühling" von Ferdinand Hodler.

Besucher des Folkwangmuseums vor einem der berühmtesten Gemälde der Welt, „Lise" des Impressionisten Renoir, rechts im Vordergrund eine Skulptur „Eva" von Rodin.

Dem Folkwangmuseum eingegliedert wurde das Plakatmuseum, das mit über 20000 Plakaten einen beachtenswerten Platz unter den internationalen Sammlungen einnimmt.

Essens Konzertleben genießt einen erstklassigen Ruf. Dazu beigetragen haben auch die Konzerte des Kammerorchesters unter Prof. Dressel in der Villa Hügel. In Prof. Hermann Baumann (Vordergrund) hat Essen einen international bewährten Hornisten.

Geistliche und kulturelle Residenz

Am Anfang der Benediktinerabtei in Werden stand ein Heiliger: Liudger oder Ludger. Unter den Heiligen der katholischen Kirche wird er als Ludgerus geführt. Der friesische Benediktinermönch und Missionar stiftete 801 „auf der Werd" eine Kirche, aus der der heutige Ludgerusdom mit der sich westlich anschließenden Abtei entstand. Karl der Große bestellte Ludger, seit 804 Bischof von Münster, zum Leiter für die Missionierung der Sachsen. Von Werden aus leitete Ludger seinen Missionssprengel im damaligen westlichen Sachsen, dem heutigen Westfalen.
Auf den am 26.3.809 gestorbenen und später in der Werdener Grabkapelle beigesetzten Ludger folgten bis zur Säkularisation 74 Äbte. Die von Ludger nach dem Vorbild des Benediktiner-Mutterhauses in Montecassino (Süditalien) errichtete Werdener Abtei entstand neu unter dem Abt Heinrich (Dücker). Der 1764/65 fertiggestellte Barockbau blieb, wie das untere Foto zeigt, in seinem mittleren Kernstück weitgehend erhalten.
Nach der Aufhebung der Kirchengüter 1803 folgten den frommen Mönchen weitaus weniger fromme Knastrologen. Die Barockresidenz der Äbte wurde preußische Strafanstalt. Seit 1948 dient die einstige Residenz der Äbte der inzwischen zur Hochschule avancierten Folkwangschule für Musik, Tanz und Formgestaltung. (Rechts im Bild ein Schnappschuß aus der Hochschule für Tanz.) Das durch den jahrzehntelangen Zuchthausbetrieb entstellte Innere ist inzwischen weitgehend restauriert, wenngleich es den Glanz der Barockfassade nicht erreichte.

Wo Brahms und Strauß dirigierten

Essens Kulturleben steht im getreuen Verhältnis zur städtischen Entwicklung. Außer einem kurzen Aufblühen im Mittelalter war Essen bis zur Industrialisierung Anfang des vergangenen Jahrhunderts ein kleines Städtchen, in dem Kultur ebenso klein geschrieben wurde. Der Knall bei Versuchen mit den in Essen seit Jahrhunderten hergestellten Gewehren war vernehmlicher als kunstvolle Töne.

Unter den 45 Fürstäbtissinnen des Reichsstiftes Essen gab es in der 950jährigen Regentschaft vor allem seit dem 17. Jahrhundert einige kunstsinnige Adelsdamen. Sie förderten geistliche Musik und den Gesang der Kanonissen mit vorbildlichem Eifer. Immerhin galt Essen als das vornehmste Stift des deutschen Hochadels. Nobelesse oblige – auch kulturell. Aber so feinsinnig manches erklang, es blieben Inseln geistlichen Kulturschaffens. Zwar gab es Verbindungen zu der von bedeutenden Äbten regierten Stadt Werden. Aber weder in Essen noch in Werden gab es kulturelle Ströme, die das Volk erfaßten.

Wem etwa um 1700 der Sinn nach großen Konzerten stand, mußte ins benachbarte Düsseldorf reiten, wo am Hofe des Kurfürsten Johann Wilhelm (Jan Wellem) Werke von Steffani, Corelli und Händel volkstümlich aufgeführt wurden. Essen aber hatte nicht das Flair der Residenzstadt.

◁
Die deutsche Erstaufführung des Musicals „Funny Girl" war im Stadttheater der Silvesterschlager 1972/73 mit der Wienerin Marianne Mendt in der Hauptrolle.

Auch modernes Experimentiertheater ist in Essen zu Hause. Hier eine Szene aus dem Schauspiel „Mistero Buffo". ▷

Rechts oben: Ein Meisterkonzert mit dem Solisten Maurice André. Unten: Der in diesem Jahr nach 32jähriger Tätigkeit ausgeschiedene Generalmusikdirektor Gustav König dirigiert das städtische Orchester.

Nach der Säkularisation 1802/03 und mit dem Beginn der Industrialisierung trat Essen zum Sturmlauf seiner Geschichte an. Was sich in den nächsten Jahrzehnten in Essen tat, war, gemessen an dem tausendjährigen Kleinstadtschlummer, wie das Aufzucken einer Stichflamme. Produktion und Bevölkerung wuchsen explosionsartig. Kulturell blieb Essen jedoch bis in die siebziger Jahre unterbelichtet.

Daß der Film der ersten Gründerjahre kulturell überhaupt ein bißchen belichtet wurde, danken wir der 1816 gegründeten Bergknappenkapelle und einigen Bergwerkschören. Sie schufteten nicht nur, sie musizierten auch und sangen: „Glück auf, Glück auf!" Das war nicht nur ein kehliges Jubilate, schon gar nicht eine Phrase. Wer jemals unter Tage den Bergmann vor Ort gesehen hat, weiß um die tiefe Berechtigung des Liedes. Nach 10, 12 oder gar 14 düsteren Stunden mit Staub, Schlamm und Hitze wieder glücklich hinaufzukommen, das war schon Vertonung wert. So hoch es dem mörderischsten aller Berufe auch anzurechnen war, für die Stadt bedeutete es noch nicht Kultur.

Wo 1861 der Welt größter Hammer, Krupps Dampfhammer „Fritz", 72 Meter tief auf Gußstahl krachte, gediehen eben keine feinen Töne. Alfred Krupps Frau, Bertha, war künstlerisch angehaucht. Der angesehene Dirigent und Komponist Max Bruch war ihr Verwandter. Aber Alfred Krupp reagierte abweisend auf die Bitte seiner Frau, Max Bruch nach Essen zu holen. Der „Gußstählerne" nannte Musik „Sinnenkitzel" und „Hokuspokus". Max Bruch blieb uneingeladen. So verging die erste Chance, das frühe Essen mit einem großen Meister zu verbinden, und Max Bruchs zauberhaftes g-Moll-Violinkonzert (op. 26) wehte als lokales Versäumnis vorüber.

Immerhin entstand aus den zagen Anfängen von Knappenspiel, Gesangvereinen und Instrumentalisten in den siebziger Jahren das Collegium Musicum und später das Essener Amateurorchester. Geistig vorgewärmt wurde die kulturelle Atmosphäre nicht unwesentlich durch die Familie Baedeker. Sie betrieb eine Buchhandlung und gab eine Zeitung heraus, die beide wesentlich über dem allgemeinen Niveau lagen und fördernd wirkten. Essen blickt auch heute noch mit einer gewissen Liebe auf das Baedekerhaus in der Kettwiger Straße, das eine der größten und bestsortierten deutschen Buchhandlungen beherbergt – eine der Keimzellen der berühmt gewordenen Verlegerdynastie, Ziehväter deutschsprachiger Touristik.

Anfang der achtziger Jahre hatte das Amateurorchester des „Essener Musikvereins" so viel Zugkraft erlangt, daß einer der großen Musiker seiner Einladung folgte. Es war Johannes Brahms, der in Wien lebende Komponist aus Hamburg, mit über 50 Jahren im Zenit seines Schaffens. 1884 und 1885 dirigierte Johannes Brahms das Essener Amateurorchester. Gespielt wurde u. a. die von ihm 1881 komponierte „Tragische Ouvertüre". Das paßte. Wenn auch nicht gerade tragisch, so stand es doch immer noch traurig um das Essener Kulturleben.

Abgesehen von dem Glanzpunkt mit Brahms, die erste kulturelle Großtat Essens datiert aus 1887. Im Oktober 1887 teilte der Kohlenboß und Finanzier Friedrich Grillo dem begeisterten Stadtverordnetenkollegium mit, daß er Essen ein Theater mit kompletter Ausrüstung zum Geschenk machen wolle. Den Stadtverordneten fuhr der Schreck durch die Glieder, als der gefeierte Mäzen schon ein halbes Jahr später in geistiger Umnachtung starb, 63jährig. Zur Freude aller führte seine Witwe das Werk fort, unterstützt durch Zuschüsse von Krupp. Wohlgemerkt: nicht von Alfred Krupp. Der war ebenfalls wenige Monate vorher gestorben. Sein Sohn Friedrich Alfred, genannt Fritz, war weniger kulturfeindlich und schoß zu.

Mit Beethovens Ouvertüre „Die Weihe des Hauses" wurde Essens erstes Stadttheater am 16. September 1892 eröffnet. Den Auftakt für die Sprechbühne gab Lessings Lustspiel „Minna von Barnhelm". Inzwischen hatte Essen annähernd 100000 Einwohner, stand unmittelbar vor der Schwelle zur Großstadt, beherbergte der Welt größte Fabrik und hatte nun – endlich! – auch ein Theater.

Sicher gilt auch für diese – wenn auch späte – Leistung, was Frank Thiess sagt, daß einem Umschwung von diesem Ausmaß immer eine Erhitzung vorausgehen muß. Männer wie Baedeker, der kunstfördernde Justizrat Hans Niemeyer und der tüchtige Oberbürgermeister Zweigert hatten in den Jahren zuvor für die gedankliche Erhitzung gesorgt, die schließlich bei dem finanzgewaltigen Grillo, einem Nachfahren opernvernarrter Italiener, zündete. Gewußt wo.

Dann ging es Schlag auf Schlag, wenn dieser Ausdruck im Bereich kultureller Sublimation erlaubt ist. Neben dem Amateurorchester des Essener Musikvereins entstanden 1898 ein städtisches Orchester, 1899 der Kruppsche Bildungsverein und ein Kreis gebefreudiger Mäzene. Dazu gehörte auch der Hotel- und Brauereibesitzer Stemme. Er besaß und leitete das Hotel Stemme, das am Kettwiger Tor ungefähr da stand, wo wir heute den „Handelshof" wissen – ein klein wenig mehr stadteinwärts. Im Privatbereich dieses Hotels und damit im Haus seines Großvaters wurde am 7. März 1902 Heinz Rühmann geboren. Seine Mutter war eine geborene Stemme, Tochter von Großvater Stemme, der nach Heinz Rühmanns Erinnerung die beherrschende Gestalt über allem war. Rühmanns Biograph Hans Hellmut Kirst sagt dem ebenso gewichtigen wie großmütigen Stemme ein „jupiterhaftes" Wesen nach.

Heinz Rühmanns Vater, Hermann, der als Angestellter bei Großvater Stemme gearbeitet und dort die Tochter des Hauses kennengelernt hatte, zog wenige Monate nach der Geburt seines Sohnes Heinz nach Wanne-Eickel, wo er die Bahnhofsgaststätte übernahm. Zehn Jahre später kehrte er mit seiner Familie nach Essen zurück und übernahm den inzischen fertiggestellten Handelshof. Mutter Rühmann indes wohnte mit ihren drei Kindern Heinz, dem drei Jahre älteren Hermann und der zwei Jahre jüngeren Ilse in der Brunnenstraße 74, direkt am Stadtgarten. Heinz Rühmann erinnert sich heute noch: „Im Stadtgarten haben wir gespielt oder sind mit der Mutter spazierengegangen. Da war es sehr schön."

Die nächsten großen kulturellen Ereignisse nahm Essens großer Filmsohn nicht wahr. Erstens war er noch zu klein und zweitens vorübergehend nach Wanne-Eickel umgesiedelt. Was beherrschte damals das Essener Kulturleben? 1904 wurde an der Huyssenallee der erneuerte Städtische Saalbau in Betrieb genommen. Zur Freude der feinhörigen Essener verfügte der Konzertsaal über eine ausgezeichnete Akustik. Somit war auch von daher ein großer Erfolg gesichert, als Richard Strauß zur Einweihung des neuen Saalbaues die zweite Aufführung seiner „Sinfonia domestica" dirigierte.

Die gute Akustik des Saalbaues sprach sich herum, und 1906 veranstaltete der Allgemeine Deutsche Musikerverein dort sein 42. Tonkünstlerfest. Unbestrittener Höhepunkt war der Dirigent und Komponist Gustav Mahler mit der Uraufführung seiner Sechsten Symphonie. Dem Ort der Uraufführung zuliebe bezog Mahler Kruppsche Schmiedehammerschläge konzertant in seine Symphonie ein. Auch Richard Strauß war zu dem überregionalen Musikertreffen gekommen. Das Tonkünstlerfest wurde am letzten Tag überschattet vom Tod des gastgebenden Oberbürgermeisters Erich Zweigert. Ihm zu Ehren dirigierte Richard Strauß Mozarts Maurische Trauermusik. (Fortsetzung übernächste Seite)

Als erster Teil der Universität wurde im Frühjahr 1974 das Bargmann-Haus in Betrieb genommen, das für rund 36 Mill. DM errichtete Verwaltungs- und Verfügungszentrum. Weitere Bauaufträge sind für das Fünf- bis Sechsfache dieses Volumens ergangen. Der Universitätsbau ist zunächst für 10000 und im Endstadium für 18000 Studenten geplant.

Durch Namen wie Johannes Brahms, Richard Strauß und Gustav Mahler, die Größten ihrer Zeit, zu hohem Klang gebracht, kam das städtische Orchester 1911 in denkbar beste Hände. Dirigent wurde Hermann Abendroth, der bald internationalen Ruf erlangte und später als Generalmusikdirektor in Köln und als Gewandhauskapellmeister in Leipzig tätig war. Essen hatte die Eierschalen, besser gesagt die Gußstahlplatten, der Nur-Farbrik-Stadt abgestreift. Die Kultur war eingezogen. Auch im Vergleich der großen deutschen Städte war Essen fortan ein geachteter Platz. Das galt für die Sprechbühne ebenso wie für das Musiktheater und das Konzert, das bald zwei hervorragende Pflegestätten hatte: das städtische Orchester sowie die Folkwang-Hochschule für Musik und Tanz. Lag das städtische Orchester mehr als drei Jahrzehnte in den Händen von Prof. Gustav König, so erwuchs ihm in der viele Jahre von Prof. Heinz Dressel geleiteten Musikhochschule besonders für Kammermusik ein guter Partner.

In den zwanziger und dreißiger Jahren wurde die Folkwangschule in der Sparte Tanz ein internationaler Kristallisationspunkt. Ihr Leiter, der Choreograph Kurt Jooss, errang 1932 mit seinem Tanzdrama „Der grüne Tisch" den ersten Preis im Pariser Internationen Tanzwettbewerb. Mit seiner Folkwang-Tanzgruppe zog er gefeiert durch ca. 3000 Aufführungen in Europa, Nord- und Südamerika.

Für die sich vielfach äußernde Aufgeschlossenheit dieser Stadt ist auch der Mut zum kulturellen Wagnis bezeichnend. Das begann nicht zuletzt 1906 mit der Einladung an Gustav Mahler, der mit seiner für damalige Begriffe modernen Musik nicht unumstritten war, und das setzte sich fort unter der Theaterintendanz von Dr. Erich Schumacher. Er lud Jean-Louis Barrault zur Inszenierung des „Buch von Christoph Columbus", Jean Genet mit dem furoremachenden Stück „Die Wände" nach Essen ein, und er brachte Rolf Hochhuts heiß diskutiertes Stück „Der Stellvertreter" auf die Essener Bühne.

Neben diesem und noch Avantgardistischerem gab es glanzvolle Aufführungen des konventionellen bis intellektuellen Theaters. Neben international bekannten Gästen setzten Essener Regisseure und Künstler bedeutsame Akzente derzeitigen Kulturschaffens.

Nach dem Abschied von Erich Schumacher und Gustav König bricht in diesem Jahr, was die Theater- und Musikleitung anbetrifft, eine neue Kulturära in Essen an. Der neue Generalintendant Dr. Hans Jürgen Waidelich hat ein vielversprechendes Programm präsentiert. Zudem gelang es Essen, mit Professor Heinz Wallberg (51) einen international anerkannten Dirigenten als neuen Generalmusikdirektor zu gewinnen. Von seinem künstlerischen Wirken in Essen darf man weitreichende Ausstrahlung erwarten. Daß es mit der Verpflichtung des auch andernorts umworbenen Wallberg nach zwischenzeitlichen Schwierigkeiten klappte, ist nicht zuletzt Essens neuem (auch musikalisch begabtem) Oberstadtdirektor Dr. Ernst Finkemeyer gutzuschreiben.

Der 1971 bezogene erste Teil des Hauses der Erwachsenenschule wird zur Zeit um den zweiten Bauabschnitt ergänzt. Das vom Land NRW als Modell geförderte Haus der Volkshochschule soll Anfang 1975 fertiggestellt sein.

Verpaßter Schulabschluß ist kein Malheur

Die in ihren Anfängen milde belächelte Volkshochschule ist in Essen zu einem Groß- und zugleich Musterbetrieb geworden. Wesentliche Voraussetzungen dafür schafft ein Neubau, der (Bausumme 18,5 Millionen DM) an der Hollestraße seiner Vollendung entgegengeht. Wenn das kürzlich vom Landtag beschlossene „Gesetz zur Ordnung und Förderung der Weiterbildung" 1975 in Kraft tritt, wird nahe dem Hauptbahnhof ein Haus stehen, das auf 8600 Quadratmetern optimale Möglichkeiten für die Erwachsenenbildung bietet.
Bereits der 1971 in Betrieb genommene erste Bauabschnitt des Hauses der Erwachsenenbildung war konsequent nach dem Konzept entstanden, neben der Wissensbereicherung und dem Nachholen von Schulabschlüssen auch das schöpferische Spiel und die menschliche Begegnung zu fördern. Darum war Wert gelegt worden auf einen Kommunikationsbereich, in dem sich je nach dem Arrangement 200 bis 400 Menschen in einer Art Forum treffen können. Zu dem nach allen Seiten offenen Forum gehört ein Café mit 70 Plätzen.
Mit Beginn 1975 wird auch der zweite Bauabschnitt dazu beitragen, anpassendes Lernen und kreatives Spiel zu praktizieren. Der Besuch der VHS soll Spaß machen. Stures Büffeln ist nicht gefragt.
Die Weiterbildung wird dank des neuen Gesetzes in den Lernabschlüssen staatlich besser garantiert sein. Unter der Fachaufsicht des Kultusministers kann die Volkshochschule künftig gültige Externprüfungen mit dem Ziel der Fachoberschul- oder der Fachhochschulreife abnehmen. Selbst wer den Hauptschulabschluß verpaßt haben sollte – und das sind immerhin mehr als 20 Prozent – braucht sich von weiterführenden Schulen nicht ausgeschlossen zu fühlen.
Nicht nur wegen des funktionsgerechten Neubaues sehen die geistigen Väter des neuen „Gesetzes zur Ordnung und Förderung der Weiterbildung" verliebt auf Essen. Die VHS Essen hat Modellcharakter. Wie kaum an einem anderen Ort des Landes wird hier neben der Grundschule, Hauptschule und Hochschule die Volkshochschule als vierter Bildungsbereich etabliert.

Linke Seite:
Das in Altenessen-Süd errichtete Umschulungszentrum der Bundesanstalt für Arbeit leistet im wirtschaftlichen Wandlungsprozeß des Ruhrgebietes wertvolle Dienste. Nicht zuletzt die von den Zechenstillegungen betroffenen Bergleute werden hier auf zukunftsträchtige Berufe umgeschult.

Vorlesung im großen Hörsaal des Klinikums. ▷

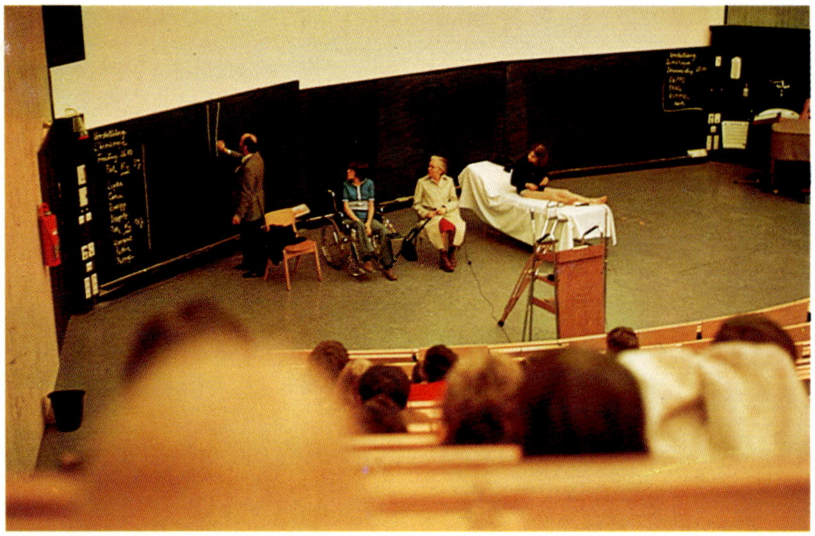

Weltweite Anerkennung fand der Augenspezialist Prof. Meyer-Schwickerath besonders für die von ihm entwickelte Lichtkoagulation zur Behandlung von Netzhautkrankheiten. ▽

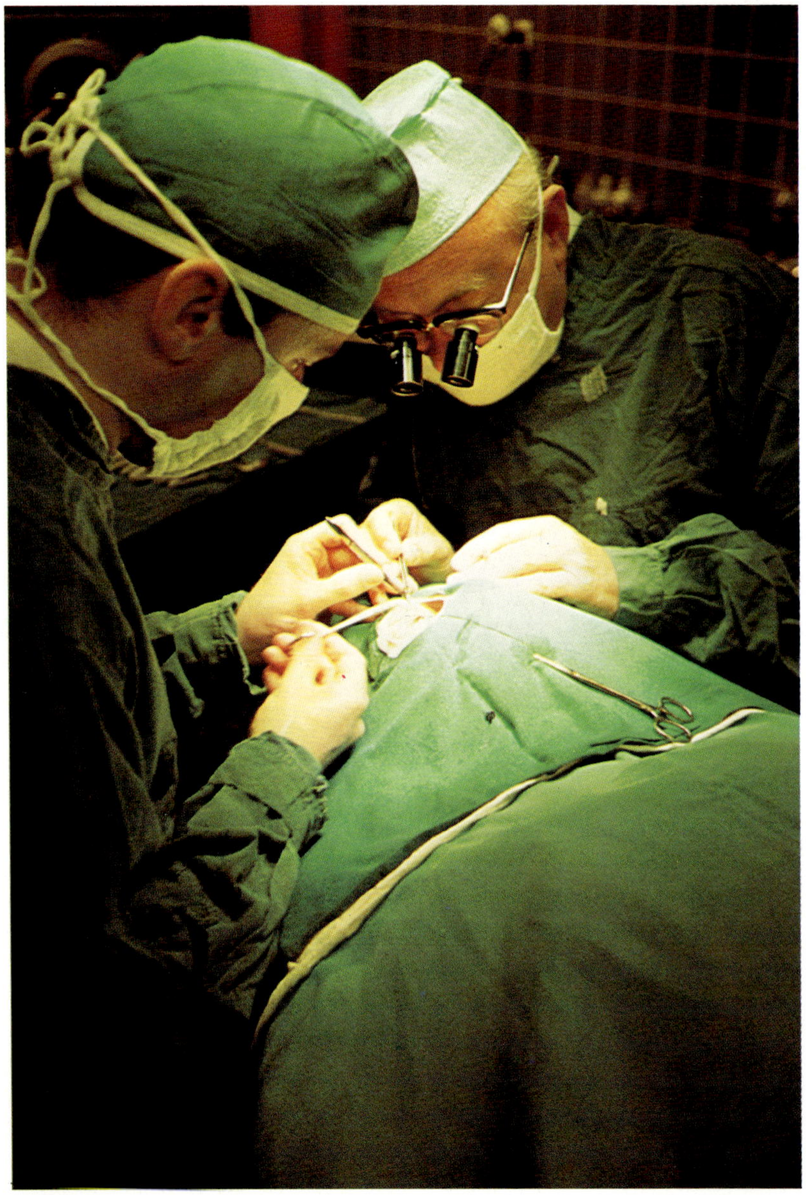

Ärzte arbeiten in Bataillonsstärke

Mit 1650 Betten und einem voll ausgebauten medizinischen Versorgungsbereich ist das Klinikum Essen eines der drei großen Schwerpunktkrankenhäuser des Landes. Dazu gehören zahlreiche Stätten der wissenschaftlichen Forschung und des Medizinstudiums.

Mit hörbarer Erleichterung gab die Stadt 1972 das als Städtische Krankenanstalten geführte Klinikum in die Trägerschaft des Landes Nordrhein-Westfalen. Die Stadt hatte zuletzt einen Jahreszuschuß von 30 Millionen DM zu leisten – bei der zunehmenden Tendenz eine untragbare Belastung. Ein Klinikum von dieser Größe hat überregionale Aufgaben und kann bei einem Jahresetat von 146 Mill. DM von einem Stadtsäckel nicht mehr getragen werden.

Im Klinikum arbeiten rund 3000 Bedienstete, davon etwa 900 als Pflegepersonal und rund 500 als Ärzte. Die Ärzteschaft ist also annähernd in Bataillonsstärke vertreten.

In dem einem Stadtviertel gleichenden Gebäudekomplex zwischen der Hufelandstraße und der Gruga reicht die medizinische Versorgung bis hin zur Strahlenklinik, die mit der Tumorforschung neben Heidelberg die herausragende Krebsstation in Deutschland ist.

Rechte Seite:
Interessante Architektur weist das Gebäude der Klinik für Hals-, Nasen-, Ohren- und Augenkrankheiten auf.

Die im Fußboden der Kapelle „Pax Christi" (in Huttrop) eingelassenen Ziegel tragen die Namen von Menschen, die durch Willkür politischer Gewalt ums Leben kamen.

Wie Davids Tempel in Jerusalem

Durch ihre Größe und ihren fremdartigen Charakter fällt in der Essener Innenstadt die unter dem Architekten Edmund Körner 1913 fertiggestellte Synagoge auf. Sie ist das größte maurische Bauwerk diesseits der Alpen und in ihrem Entstehen nur dadurch zu erklären, daß früher mehr als 5000 Juden in Essen lebten, die den Bau weitgehend durch ihre Spenden ermöglichten. Beim Architekturentwurf stand der Tempel von Jerusalem geistig Pate. Im Vordergrund die 1913 fertiggestellte alt-katholische Kirche.

Die Synagoge, von deren orientalischen Formen sich Rathaus-Architekt Theodor Seifert einen reizvollen Kontrast zu seinem gradlinig hochstrebenden Rathaus in der künftigen Nachbarschaft verspricht, ist heute für die kleine jüdische Gemeinde in Essen viel zu groß. Die auf etwa 200 Mitglieder zusammengeschmolzene Synagogengemeinde errichtete 1959 an der Ecke Ruhrallee/Saarbrücker Straße einen Neubau, der ebenfalls formschön, aber wesentlich kleiner ist.

Die alte Synagoge am Steeler Tor (rechts im Bild) blieb etwas vereinsamt zurück. Zwar zog der Verein Industrieform mit einer ständigen Ausstellung von zeitgemäßem Design in die Räume unter dem 34 Meter hohen Kuppelgewölbe ein, aber ausgefüllt wurde die steinerne Pracht damit nicht. Das lag auch daran, daß die Synagoge zwischen den verkehrsreichen Fahrbahnen der Schützenbahn und der Steeler Straße in einem toten Winkel liegt und sich, schwer erreichbar, dem Besuchsinteresse geradezu entzieht.

Ändern kann sich das, wenn die Synagoge mit dem Bau des Rathauses und des Citycenters neuen Anschluß findet. Seiferts gute Idee, die trennende Mulde des Porscheplatzes mit einer Platte und dem daraus entwickelten Citycenter zu überbrücken, wird auch die Synagoge auf gleicher Ebene mit der City verbinden und direkt an den Fußgängerstrom anschließen.

Die Synagoge wurde mit granitharten Steinquadern so massiv erbaut, daß Kristallnacht und Kriegsbomben sie zwar beschädigten, nicht aber zerstören konnten. In der Nachkriegszeit wurde sie mit Bedacht wieder aufgebaut. Neben echten Gefühlen der Wiedergutmachung wurde dabei auch das Bewußtsein tätig, der Stadt ein einzigartiges Juwel der Architektur zu erhalten. Der Wiederaufbau Anfang der fünfziger Jahre und der weitere Ausbau von 1959 bis 1961 kosteten mit 2,1 Mill. DM doppelt so viel wie der einstige Neubau, den Prof. Körner bei der Einweihung am 23.9.1913 mit 1,05 Mill. Reichsmark bekanntgegeben hatte. Für heutige Ohren ist es eine überraschend geringe Summe, wenn man sich die Dimensionen der Synagoge vor Augen hält: 70 Meter lang, 30 Meter breit, Kuppelhöhe 34 Meter.

Die Skyline der Essener Innenstadt mit Hochhäusern, die dank neuer Bebauungspläne bald um zwei weitere Giganten ergänzt werden sollen. Vor allem handelt es sich um ein zweites Bauwerk des RWE, das an Größe dem bisherigen Konzernsitz (im nebenstehenden Bild das rechte Hochhaus) noch übertreffen soll.
Elektrizität, wie sie im Essener RWE verwaltet wird, ist heute etwas Selbstverständliches. Wie die Regierungsherren vor der Gründung der Rheinisch-Westfälischen Elektrizitäts AG in Essen (1898) dachten, geht aus einem Schreiben des Regierungspräsidenten von Düsseldorf hervor, das heute wie ein Witz anmutet: Als Altenessen um die Genehmigung einer elektrischen Straßenbeleuchtung ersucht, erhielt es den Bescheid: „Wenn wir auch ein Bedürfnis zur Beleuchtung der in Rede stehenden Straße nicht in Abrede stellen wollen, so haben wir doch aus den uns gemachten Vorlagen nicht den Eindruck gewinnen können, daß die projektierte elektrische Beleuchtung diesem Bedürfnis in der besten und zweckmäßigsten Weise Abhilfe verschaffen werde." Altenessen wurde auf die Petroleumbeleuchtung verwiesen. Die sei billiger.

Über dem Ruhrschnellweg der geschichtsträchtige Essener Wasserturm an der Steeler Straße. Die historischen Daten sind überwiegend negativ. Während des Spartakus-Aufstandes starben im Wasserturm 40 Männer unter den Kugeln der Aufständischen. Die Meldung von der Kampfeinstellung erreichte die Besatzung des Wasserturmes wie auch die zum Sturm angesetzten Kampftruppen zu spät. Die Fehlinformation endete mit dem blutigen Gemetzel. ▷

Wo sich hier noch der bunte Bestand einer Kirmes dreht, entsteht inzwischen die Universität als Integrierte Gesamthochschule. Das ehemals desolate Gebiet des Segeroths erfährt durch den Universitätsbau eine Aufwertung, die weite Ausstrahlung auf den gesamten Essener Norden hat. Die Investition des Landes NRW mit mehr als einer Milliarde DM für zunächst 10 000 und später 18 000 Studenten ist abgesehen von der geistig-kulturellen Bedeutung auch als Wirtschaftsfaktor begrüßt worden. ▷

FULDA REIFEN
STOP
Buchhaltungs
STOP

Blick auf Bergeborbeck: Kirchtürme und Schornsteine in vertrauter Nachbarschaft. △

Drei Jahrhunderte Baugeschichte auf einen Blick im Sanierungsgebiet der Steeler Altstadt. ▽

Im Stil eines anspruchsvollen Boulevards verbindet die 850 Meter lange Huyssenallee (Foto rechts unten) den Innenstadtkern mit dem dichtbesiedelten Stadtteil Rüttenscheid im Süden. In ihrem Wert als Geschäfts- und Bürostraße profitiert die Huyssenallee von dem an der Ostseite gelegenen Stadtgarten mit dem städtischen Saalbau. Der als Tagungs- und Konzertstätte vielbesuchte Saalbau wird nach seiner ersten Erbauung 1864, seinem Umbau 1904 und seinem Wiederaufbau Anfang der fünfziger Jahre nun eine wesentliche Veränderung erfahren. An der Stelle der dem Saalbau vorgelagerten Parkplätze, die unter die Erde verlegt werden, errichtet der Dorint-Hotelkonzern ein Kongreßzentrum mit 420 Betten in 220 Hotelzimmern. Bauliche Dominante des Kongreßzentrums wird ein 14geschossiger Trakt über einem dreigeschossigen Flachbau sein. Konzernchef Dornieden gab die Bauzeit mit 14 Monaten und die Bausumme mit 25 bis 27 Mill. DM an. Der Hoteltrakt wird mit dem Saalbau durch ein neues Foyer verbunden, in dem Konferenz- und Besprechungsräume bis zu einer Größe von 500 Plätzen geplant sind.

Die Huyssenallee wird durch die Erweiterung des Saalbaues um ein Kongreßzentrum noch an Attraktivität gewinnen. Die Straße wurde benannt nach dem als protestantischer Vertriebener aus Holland eingewanderten Kaufmann Heinrich Arnold Huyssen.

Huyssen war von 1813 bis 1818 der erste Essener Bürgermeister nach der Einführung der preußischen Verfassung und dem vorherigen Abzug des Napoleon-Regimes. Huyssen, als Mitteilhaber der Gutehoffnungshütte auf die kärglichen Einkünfte des damaligen Bürgermeisters nicht angewiesen, legte sein Amt nieder, als die Aufsichtsbehörde seine Haushaltsvorschläge nicht genehmigte.

Tulpenfeld nahe der Ruhrallee. △

▽ Die Huyssenallee mit dem Saalbau im Stadtgarten.

Oben eine Parkidylle, wie man sie unmittelbar neben dem unaufhörlichen Verkehr der Steeler Straße kaum wahrhaben möchte. Der Garten des Waisenhausstiftes ist mußevoller Betrachtung wert.

Das 1769 eingeweihte Waisenhausstift der Fürstäbtissin Franziska Christina überrascht in der Hauskapelle mit kunstvollen Barock- und Rokokoformen – Bild rechts: Der Ahnensaal mit dem Bild der Äbtissin, umgeben von Verwandten aus dem einflußreichen Fürstenhaus Pfalz/Sulzbach. Franziska Christina war die vorletzte Essener Fürstäbtissin. Sie errichtete von 1765 bis 1769 das heute noch intakte Waisenhaus und versah es mit einer großzügigen Stiftung. Das 80 Meter lange und mit zwei Flügeln von 34 Meter Länge verbundene Bauwerk diente der Äbtissin auch als zeitweilige Residenz. Sie zog aus dem Essener Stift oder der Sommerresidenz in Borbeck gern in das von Kinderleben erfüllte Haus in Steele zurück.

Der König hielt hof

„Kaiser-Otto-Platz, Endstation". Wer auf der Drehscheibe des Verkehrs in Steele aussteigt, mag sich wundern, daß Steele immer noch an dem Namen eines Sachsenkaisers festhält, der vor mehr als tausend Jahren lebte. Steele ist schließlich nicht Magdeburg, wo Otto der Große begraben ist. Dennoch, Steele hat echte Beziehung zu diesem Otto. Gerade zwei Jahre auf dem Thron, hielt der 25jährige König Otto I. im Mai 938 einen Hoftag in Steele ab, und zwar auf dem Steilhang zwischen dem Kaiser-Otto-Platz und der heutigen Laurentiuskirche. Dort saß der junge König mit seinem Hofstaat zu Gericht über den abtrünnigen Stammesherzog Eberhard von Franken. Erst als er den fränkischen Eberhard und den ebenfalls gegen ihn auftretenden Herzog Giselbert von Lothringen niedergeworfen hatte, war für den späteren Ungarn-Bezwinger (auf dem Lechfeld) der Weg zum Kaiserthron und zur Herrschaft in Mittel- und Südeuropa frei.
Wieso tagte Otto I. ausgerechnet in Steele, das zu der Zeit ein kaum besiedelter Ausläufer des Dorfes Kray war? Der König hatte an dem nördlich von Steele vorbeiführenden Hellweg Besitzungen, so eine Burg in Horst und Ländereien im heutigen Steele. Der Hoftag am Steilhang, der Steile, wird von Chronisten mit der Entstehung des Namens Steele (von Steile) in Zusammenhang gebracht.
Otto, der sich um die Stärkung der Kirchenfürsten bemühte, besiegelte seine Verbindungen zum Adelsstift in Essen durch namhafte Schenkungen.

Seite 98
Von der „Platte" hinab geht der Blick auf die Ruhr und den Stadtteil Werden.
Seite 99
Die imposante Abteikirche zu Werden entstand mit einem Kloster aus der Gründung des Missionars Ludger (801).

In Werden gilt die Kemnate mit einer Hausfront von 2,23 Metern als das schmalste Haus Deutschlands (nebenstehendes Foto).

Altenwohnsiedlung in Werden. ▽

Werdener Fachwerkhäuser aus dem 18. Jahrhundert.

Die um 1000 errichtete Lucius-Kirche in Werden gilt als die älteste Pfarrkirche nördlich der Alpen. Der romanische Bau diente lange Zeit als Wohnhaus.

Bilder vom verschiedenartigen Charakter dieser Stadt:

Das Ruhrlandmuseum ist eine Fundgrube für Gegenwärtiges und Prähistorisches.

Kleingärten in Altenessen-Süd mit Blick auf die Stoppenberger Kirche.

Frühe Abendstimmung an der Ruhr in Kupferdreh.

Szene vor dem im Jahre 1964 errichteten Jugendzentrum in Holsterhausen.

Mietskasernen aus dem Umkreis der ehemaligen Zeche Ernestine.

Das Kutel (Kuh-Hotel) im Heidhauser Hespertal wurde zur Touristenattraktion.

„Das Rennpferd des kleinen Mannes" wird im Ruhrgebiet die Brief- △ taube genannt.

▽ Auch hinter Kohlenhalden gedeiht das Kleingartenidyll.

Früh übt sich, was ein Meisterturner werden will – im Kindergarten der Landesanstalt für Frauenberufe in Holsterhausen.

Die im Krieg zerstörte Melanchthon-Kirche wurde modern und farbenfroh wiederaufgebaut. Vor der bunten Wand sind aus dem Krieg gerettete Glocken der früheren Kirche zu sehen. Die künstlerische Gestaltung der wichtigen Bauteile im Melanchthon-Gemeindezentrum stammt von dem in Böhmen geborenen und in Stuttgart lebenden Künstler Otto Herbert Hajek. Auch die Arbeit in Holsterhausen verrät Hajeks Handschrift, in klaren geometrischen Figuren Raum und Flächen in die farbliche Gestaltung von Rot, Gelb, Blau und Gold einzubeziehen.

Kaffeetafel im Altenheim in Frohnhausen. In Essen leben annähernd 100000 Menschen über 65 Jahre.

Gewissermaßen auf der grünen Wiese entstanden die Neubausiedlungen der Oststadt.

In der Oststadt wimmelt es von Kindern

Daß die 1967 noch mit 25000 Wohnungssuchenden registrierte Wohnungsnot inzwischen weitgehend behoben ist, dankt Essen zu einem Teil der Besiedlung des einstigen Bauernlandes im Osten der Stadt. Zwischen der Bundesstraße 1 in Kray-Leithe und der Ruhr in Steele-Horst entstanden in sechs Nachbarschaften bisher Wohnungen für rund 25000 Menschen. Die letzten 2100 Wohnungen der Oststadt entstehen im Hörsterfeld. Ein Teil von ihnen ist bereits bezogen, ein anderer steht vor der Vollendung und der Rest wird 1975 bezugsfertig sein. Einschließlich Einzelmaßnahmen werden dann rund 8000 Neubauwohnungen bzw. Eigenheime und Eigentumswohnungen in der Oststadt stehen.

Die auf der grünen Wiese größtenteils im sozialen Wohnungsbau errichtete Oststadt hat ihre Eigenarten. Im umweltbewußten Essen dachten die Planer der Oststadt schon 1965 an die Reinhaltung der Luft. Heute kann nicht hoch genug gepriesen werden, daß der neue Stadtteil durch eine vollelektrische Versorgung keine Rauchemissionen hat. Die Elektroheizung macht jeden Hausschornstein überflüssig. Entsprechend sauber ist die Luft.

Und das ist gut so, wenn man an eine weitere Besonderheit der Oststadt denkt. In welche der sechs Nachbarschaften man auch kommt, es wimmelt von Kindern. Eine Wohnungsbaugesellschaft hat ausgerechnet, daß in den 94 Vierraumwohnungen eines von ihr gebauten Siedlungsteiles durchschnittlich sechs Personen leben: zwei Erwachsene und vier Kinder. 108 Kinder wohnen allein im größten Haus der Siedlung, einem achtgeschossigen Block mit 32 Wohnungen.

Auf jede Familie entfallen in der Oststadt durchschnittlich drei bis vier Kinder. Dieser Kinderreichtum wird in keinem anderen Bereich Essens erreicht. Das hat plausible Gründe. In die Neubauwohnungen der Oststadt wurden und werden vielfach Wohnungssuchende eingewiesen, die wegen der relativ großen Kinderzahl auf dem freien Wohnungsmarkt kaum eine Chance haben. Daß solche Familien vorzugsweise für Sozialwohnungen in Frage kommen, liegt in der Natur der Dinge. Also konzentrieren sich kinderreiche Familien in der Oststadt, wo die rund 8000 Wohnungen zu mehr als 90 Prozent im sozialen oder steuerbegünstigten Wohnungsbau entstanden sind.

Neu aus dem Boden gestampfte Stadtteile wachsen nie ohne Macken auf. So wurde anfangs mit Recht darüber geklagt, daß die allgemeine Versorgung der Siedlungen unzureichend war. In dem Maße, wie die Nachbarschaften sich auffüllten, ließen sich auch Kaufleute, Handwerker, Apotheker, Ärzte usw. nieder. Was aber immer noch verbesserungswürdig ist, sind die Verkehrswege zwischen der Oststadt und dem inneren Stadtbereich. Die Menschen der Oststadt warten noch immer auf die große direkte Verkehrsanbindung.

◁ Westdeutschlands bestbesuchtes Freibad: Grugabad.

△ Die Gruga bietet jedem etwas: Ruhe, Kartenspiel oder Schach.

Industrieeinöde in Natur zurückverwandelt

Fürst Pückler, Schriftsteller und Schloßparkspezialist aus Muskau bei Cottbus, beschrieb die Essener Gegend 1846: „so anmutig und ländlicher Natur, daß sie einem so recht dazu gemacht scheint, sich vom Getümmel des Lebens in hinterste Einsamkeit zurückzuziehen."

Kurz nach der Jahrhundertwende nannte der Berliner Schriftsteller Alfred Kerr Essen „ein Negerdorf".

Schriftstellerischer Widerspruch, allzu freiheitliche Auslegung unter Publizisten? Nein, jeder schrieb auf seine Weise nieder, was er empfand. Nur lagen rund 60 Jahre dazwischen.

Auch der fürstliche Reisende Hermann Pückler (übrigens nicht der Erfinder, sondern nur der Namensgeber der ihm von einem Lausitzer Konditor gewidmeten Fürst-Pückler-Torte und gleichnamigen Speiseeises) hat bei seinem Streifzug durch die südliche Umgebung Essens (Steele, Heisingen, Rüttenscheid und Bredeney) in den vierziger Jahren des vorigen Jahrhunderts sicherlich die ersten Fabrikhallen und Schornsteine im Essener Norden gesehen, aber nur als ferne Ahnung, die er nicht aufzeichnungswert fand. Aus der Ahnung wurde in den nächsten sechs oder sieben Jahrzehnten bis zum ersten Weltkrieg der industrielle Donnerhall, der gequälte Erde und verqualmte Luft erzittern ließ.

Essen war zwar eine Großstadt geworden, aber dichterische Freiheit konnte es auch ein Negerdorf nennen. Sein Urteil gebildet hat sich Alfred Kerr hauptsächlich an der nördlichen Stadthälfte mit ihrem Wald von Schornsteinen, kilometerweit überzogen von Fabriken und Zechenanlagen. In der Wilhelminischen Ära erreichte der Raubbau in der Emscherzone seinen Höhepunkt. Da wurde geschuftet und verdient, gehämmert, gequalmt und, wann immer es ging, in der Kneipe an der Ecke einer gezischt. Man lebte, sagte „Glück auf" und nahm die Dunstglocke nicht wahr. Das Ferkel im Stall oder die meckernde „Bergmannskuh" starben schließlich auch nicht daran, sondern erst nach dem November- oder Dezemberfrost, wenn der Hausschlächter mit geübtem Stich zum Jahresschmaus hinüberleitete.

Um 1900 hätte jemand von Umweltschutz reden sollen! „S.M." hätten sich halb totjelacht. Es gibt Bilder aus jener Zeit, schlicht gesagt, zum Davonlaufen. Trotzdem, man blieb. Gab es das nicht auch anderswo: im amerikanischen Pittsburgh, am Ohio oder in den englischen Midlands, die dem anklagenden Charles Dickens als noch schauerlichere Kulisse für seine Sozialromane gedient hatten? Natürlich, man war nicht allein mit dieser verschwiemelten Stadt von Rauch, Dunst, Maloche und Besoffensein.

(Fortsetzung Seite 111)

Beträchtliche Umbauten und Ergänzungen steigerten im Vorjahr den Wert des Hauptbades in der Innenstadt. Das größte Essener Hallenbad (Foto rechte Seite) wird demnächst von Rüttenscheid noch übertroffen.
Frage: Wie lange kann die Stadt ihren Schwur „Immer ein Bad in Bau!" noch durchhalten? 1974 wird der Zuschuß zum Betrieb der Bäder schon bei 14 Millionen DM liegen und sich nach Fertigstellung der Bäderkombination Rüttenscheid noch beträchtlich erhöhen. Warten wir ab, wann der Kopf gegen die Decke der Möglichkeiten stößt.

Stimmungsbilder aus Freizeit und Geselligkeit: Originellen Karneval gibt es neben beachtlichen Zentralveranstaltungen großer Vereine auch in den Stadtteilen, besonders in Kupferdreh (oben links) – „Wum-Vater" Loriot (alias Graf von Bülow) signiert in der Baedeker-Buchhandlung seine Neuerscheinung. (2. Bild v. u.) – Wie's ihnen in der Gruga gefällt: so (Bild links) oder so (Bild unten). –

Immer ein Bad im Bau

Die Stadt Essen hat sich dem Imperativ verschrieben: „Immer ein Bad in Bau". Bisher entstanden acht Hallenbäder und sechs Freibäder (fünf beheizbar). Als größte Investition erforderte vor zehn Jahren das mit drei Becken ausgestattete Grugabad rund 18 Millionen DM.
Nun hat sich die Stadt erneut einen dicken Brocken auf die Hörner genommen: Für 12,8 Millionen DM entsteht in Rüttenscheid ein Hallenbad, das neben dem üblichen 25-Meter-Becken und dem Lehrschwimmbecken für den allgemeinen Bedarf ein nach internationalen Wettkampfregeln geplantes Leistungszentrum mit einer 50-Meter-Bahn umfassen wird. Mit der Kombination von Hallenbad und Leistungszentrum ist Essen auf dem besten Weg, die baulichen Voraussetzungen für eine Schwimmhochburg zu schaffen. Willkommenen Zuwachs erfuhr das Badewesen im Juli 1974 mit der Inbetriebnahme des Ostbades in Bergmannsfeld. Das für 6,5 Millionen DM am Schultenweg entstandene Freibad ist der erste Teil einer Kombination, die noch ein Hallenbad vorsieht.

Villa Hügel, von Alfred Krupp erbaut, war bis zum Ende des zweiten Weltkrieges der ebenso monumentale wie kostbar ausgestattete Sitz der Krupps. Die Krupp-Stiftung hat Villa Hügel in der Nachkriegszeit als kulturelle Pflegestätte zur Verfügung gestellt: neben internationalen Ausstellungen großartige Konzerte.

Viel bestaunt: der Seerosenteich in der Gruga.

Seit rund 20 Jahren sendet der Westdeutsche Rundfunk sonntägliche Grugakonzerte aus Essen. Zu der landauf, landab beliebten Sendung finden sich immer wieder Zuhörer vor dem Musikpavillon in der Gruga ein.

Die hochbeinigen Flamingos sind eine Attraktion im Vogelpark an der Frankenstraße. Viele Vogelarten bis hin zu den großen Greifvögeln geben sich nebenan ein Stelldichein.

Nie war es schlimmer als in den ersten zwei Jahrzehnten dieses Jahrhunderts. Während der folgenden fünfzig Jahre hat sich bis heute ein grandioser Wandel vollzogen. In den industriell überwalzten Bezirken des Essener Nordens wird er nach umfangreichen Stadtsanierungen und Umstrukturierungen gerade in dieser Zeit durch nichts besser gekennzeichnet als durch eine Begrünungsaktion, die unter dem Stichwort „Grüne 14" weithin Beachtung gefunden hat. Wo früher Fabriken lärmten, Zechen qualmten oder Bergwerksgesellschaften zur Minderung der Bergschäden weite Strecken als Ödland liegenließen, entstehen 14 Grünzonen auf rund 340 Hektar. Die Schwerindustrie hat ausgedient. Ihre graue Hinterlassenschaft wird in Natur zurückverwandelt: 150 Hektar Park, 75 Hektar Wald, 113 Hektar Kleingärten und einige Hektar für Wanderwege.

Die Planungssünden der Gründerjahre haben die Stadt frühzeitig gelehrt, aus der Not eine Tugend und aus der Tugend Naturschönheiten zu machen. Nach dem Baldeneysee, der sich ab 1913 aus der Stauung der Ruhr bildete, ist die Gruga ein Lehrbeispiel. Sie entstand Ende der zwanziger Jahre zur Beschäftigung der vielen Arbeitslosen, öffnete ihre Pforten 1929 als „Große Ruhrländische Gartenbau-Ausstellung" und ist inzwischen einschließlich des Grugabades der größte westdeutsche Innenstadtpark. Mehr als das Vierfache dieser Gruga-Gesamtfläche im Süden wird nun im malträtierten Norden nachvollzogen.

Wäre die mit rund 101 Millionen DM veranschlagte Aktion „Grüne 14" nicht schon in der Welt, man müßte sie schnellstens erfinden. So gut sie als Idee ist, so weitreichende Auswirkung hat sie als Programm der kommenden Jahre. In einer Fachtagung kamen Städtebauer und Gartenarchitekten zu der Feststellung: Wahrscheinlich ist es die größte Wohltat, die der nördlichen Stadthälfte Essens jemals zugedacht worden ist. Und neben den Milliardenobjekten wie U-Bahnbau, Universität, City-Erneuerung und Stadtteilsanierung ist die Grünaktion im Essener Norden eine der ganz großen Bewegungen, mit denen neues Planen das Gesicht der Stadt verwandelt.

Auch mit diesem Bild liefert die Ruhr einen Beweis ihrer Wasserqualität. In ihr lohnt sich noch das Angeln, wie hier am Spillenburger Wehr.

Zu den Vergnügen in der Gruga gehört die schaukelnde Seilbrücke – ein Hauch von Dschungellianen in kultivierter Parklandschaft.

Überall bietet die Gruga Plätze zum Verweilen – sei es auf einzelstehenden Bänken, in Tischgruppen oder auf den Stuhlreihen am Spazierweg.

In dem mit rund 100000 Einwohnern größten Stadtteil Borbeck entstand dieser Musterspielplatz. Erbaut wurde er von einer bundesweit wirkenden Gesellschaft, die sich um kindgemäße Spielmöglichkeiten bemüht und die auch für diesen Spielplatz wissenschaftliche Planung betrieb. Dabei stand der Gedanke Pate, daß ein Kinderspielplatz auch Risiken in sich bergen müsse. Das Kind soll angeregt werden, Hindernisse zu überwinden und sich mit natürlichen Gefahren vertraut zu machen. Nach Ansicht etlicher Beobachter sind die progressiven Planer aus Frankfurt stellenweise etwas zu waghalsig vorgegangen. Nach der Übernahme in ihre Obhut mußte die Stadt Essen schon bald einige Risikostellen entschärfen. Bei einigen Unfällen hatten sich Kinder verletzt. Das schmälert nicht den Dank, der für die Stiftung dieses richtungweisenden Spielplatzes empfunden wird. Die Kinder finden ihn alles in allem: „Klasse!"

Der Grugapark, das Grugabad, die Grugahalle und die Hallen der Ausstellungs- und Messegesellschaft (AMGE) liegen auf einer Fläche von 80 Hektar räumlich beieinander. Alle vier Elemente sind organisatorisch so koordiniert, daß das eine vom anderen profitiert und zweckmäßig miteinander korrespondiert. Ein Beispiel: Vom Laufen und Schauen müde gewordene Messe- oder Ausstellungsbesucher können sich in der Weite des Parks oder in deren Restaurants erholen. Hinter den Grugafontänen (Bild unten) ist die Grugahalle sichtbar. Sie ist mit 8000 Sitzplätzen immer wieder eine Stätte von Großveranstaltungen und spektakulären Auftritten.
Auch der russische Staatszirkus gastierte in der Grugahalle (Bild oben).

Reiten ist Volkssport geworden. Das wird allenthalben auch in Essen sichtbar. Auf der Reit- und Springanlage im Stadtwald (Bild oben und nebenstehend) wird der Reitsport bereits seit eh und je gepflegt. Von dem da etablierten Reiterverein wie auch von anderen gingen starke Impulse auf die neue Welle des volkstümlichen Reitens aus. So von Reitschulen und Pferdegetrappel umgeben, nahm sich auch die Ausstellungs- und Messegesellschaft der Reitwelle an. Sie veranstaltete in den Hallen die „Equitana 72", die erste umfassende Ausstellung in Sachen Pferd und Reitausrüstung. Die „Equitana" wurde auf Anhieb ein Publikumsliebling.

Reiterische Demonstration bei der Eröffnung der „Equitana". ▷

Im Rot-Weiß-Stadion an der Hafenstraße ist Fußballbegeisterung (wie im benachbarten Schalke) fest programmiert.

Nach wechselvollem Auf und Ab gehört Rot-Weiß Essen seit 1972 wieder zur Bundesliga. Um ein Fassungsvermögen von 43 000 Besuchern zu erreichen, wird die der Haupttribüne gegenüberliegende Stadionseite ausgebaut und überdacht.

Die Angst der Torwarte vor dem Elfmeter gibt es auch im Rot-Weiß-Stadion – die Angst nämlich, auf die falsche Seite zu kippen wie auf diesem Bild. Die Rot-Weißen konnte es nur freuen.

Mit Rot-Weiß und Schwarz-Weiß in beiden Bundesligen

Das sportfreudige Essen verfügt über eine große Zahl von Sportvereinen. Neben den Handballvereinen Phönix und Tusem sowie dem erstklassigen Boxklub BC Steele sind die publikumsträchtigsten die Fußballvereine. Der Spitzenverein ist seit vielen Jahren Rot-Weiß Essen. 1955 Deutscher Fußballmeister. Mit kurzen Unterbrechungen gehört Rot-Weiß seit mehr als zwei Jahrzehnten der obersten Klasse an, zur Zeit der ersten Bundesliga. Auch in der neugegründeten zweiten Bundesliga ist Essen mit einem Verein vertreten: mit Schwarz-Weiß Essen. Auch die Schwarzweißen verkörpern große Fußballtradition. Ihr stolzestes Datum: Deutscher Pokalsieger 1959. Somit waren die beiden höchsten bundesdeutschen Trophäen schon in Essener Hand: der Deutsche Meistertitel bei Rot-Weiß und der Deutsche Pokal bei Schwarz-Weiß. Ist Rot-Weiß in erster Linie im Essener Norden zu Hause, und zwar in der direkten Nachbarschaft der dichtbesiedelten Stadtteile Borbeck und Altenessen, so spielt Schwarz-Weiß im Bereich der mehr zum Süden gehörenden Stadtteile Rüttenscheid und Stadtwald.

Eine der erfolgreichsten Demonstrationen des deutschen Sportlebens in der Nachkriegszeit war 1963 das Deutsche Turnfest in Essen. Pünktlich auf die Minute stellte die Stadt Essen damals das 30000 Besucher fassende Grugastadion und die 120000 Besucher fassende Festwiese dem Deutschen Turnerbund zur Verfügung. Mehr als 40000 aktive Turner präsentierten sich bei der Eröffnungsfeier auf dem grünen Rasen der Festwiese. Nicht nur bei dem großen Umzug schien Essen für Tage Turnvater Jahns ureigenste Stadt zu sein.
Mit dem Deutschen Turnfest bestand Essen seine Bewährungsprobe für Großveranstaltungen mit mehr als 100000 Teilnehmern. Dem Turnfest (Foto oben) folgten Veranstaltungen wie Sängerfest, Katholikentag usw.

Man trug auch Bauch zum Turnfest. Dieser unentwegte Turner formte persönlich den Medizinball nach. ▷

Rechte Seite: neue Segelsportart auf dem Baldeneysee: Surfing.

4529

Und nun ins Trimmyland

TRIMM-DICH wird fortan auch in den Hallen der Essener Ausstellungs- und Messegesellschaft (AMGE) groß geschrieben. Unter dem an Disneyland erinnernden Namen Trimmyland hat die AMGE eine neue Ausstellung in ihr Jahresprogramm aufgenommen. Trimmyland ist ein Beispiel dafür, wie sich unter den veränderten Lebensgewohnheiten immer neue Ausstellungen und Messen bilden. Man muß nur ein Näschen für das haben, was „in" ist. Und das hat offenbar die Ausstellungs- und Messegesellschaft, die auf den 50000 Quadratmetern der Hallen an der Gruga nach Köln und Düsseldorf den stärksten Messe- und Ausstellungsbetrieb in NRW unterhält.

Ist Trimmyland mit dem umfangreichen Angebot an Trimm-, Sport- und Freizeitmitteln ein Neuling, so gibt es im Essener Programm Oldtimer wie die Deubau oder die Campingausstellung, die sich seit langem als Evergreens halten. Die Deubau ist alle zwei Jahre die gewichtigste deutsche Baufachmesse, und die Campingausstellung öffnet alljährlich im Frühjahr ihre Pforten für mehr als 200000 Besucher. Das nebenstehende Foto stammt aus der großen Bootsschau im Rahmen der Campingausstellung 1974.

Mit dem Superlativ behängt, der größte Europas zu sein, ist der alljährliche Caravansalon. Die Messe „Schweißen und Schneiden" und die neuere Reifenmesse stellen ihrerseits sogar die Nummer 1 in der Welt. In starkem Maße hat sich das Essener Ausstellungswesen dem Freizeitcharakter verschrieben.

Der Baldeneysee – im allgemeinen nur für Segel-, Ruder- und Paddelboote zugelassen – macht nur anläßlich der Deutschen oder Europäischen Motorbootsmeisterschaften eine Ausnahme zugunsten der Benzinflitzer. ▷

Rechte Seite:
Bezaubernde Impression aus dem Grugapark: „Die Tanzende" von den Tropfen der Wasserfontänen umspielt.

International weht es auch von den Fahnenmasten vor dem Ausstellungsgelände an der Alfredstraße. ▽

Dazu gehören neben Camping und Caravan die Reitausstellung „Equitana", die Sport- und Rennwagen-Ausstellung, die Motorradschau, Hobby und Heim und mancher andere merkantile Sproß zeitgemäßen Lebens. Neuerdings wird dazu auch die Deutsche Luftsportausstellung gehören.

Als der größten Stadt des Ruhrgebietes gab die polnische Staatsregierung Essen den Vorzug für die polnische Ausstellung, die vom 31. 10. bis zum 10. 11. 74 die bisher umfangreichste polnische Industrie- und Wirtschaftsausstellung im Ausland sein wird. Für elf Tage wird Essen Polens Schaufenster auf deutschem Boden sein.

Abendliche Idylle auf der Margarethenhöhe, einem ab 1906 durch eine Kruppstiftung entstandenen Stadtteil im Stil einer Gartenstadt. Nicht etwa Maler Spitzweg, sondern der Architekt und Soziologe Prof. Metzendorf ist ihr geistiger Vater.

Gartenstadt und Spitzweg-Idyll

Wer das fotografierte Abendidyll sieht, möchte auf einen eingemeindeten Stadtteil im entlegensten Winkel Essens tippen. Falsch. Die Margarethenhöhe, in der dieses Foto entstand, liegt unmittelbar am Rand der südlichen Innenstadt und dennoch im Grünen.

Unter dem Aspekt „grün, stadtnah und sozial" wurde sie 1906 konzipiert.

Mit dem Bau der Margarethenhöhe wurde erstmalig in Deutschland der von England ausgehende Gartenstadtgedanke verwirklicht. Als Siedlung ist sie Pioniertat und selbst nach sechs bis sieben Jahrzehnten städtebaulich immer noch ein Kleinod.

Die aus einer Stiftung von Margarethe Krupp 1906 hervorgegangene Siedlung ist in mehreren Bauabschnitten entstanden. Als Mitte der dreißiger Jahre die Baufläche der zunächst gestifteten 50 Hektar mit der Margarethenhöhe I weitgehend genutzt war, erweiterte die Tochter der Stifterin, Bertha Krupp, 1936 das Baugelände um weitere 15 Hektar. So wurde vor allem in der Nachkriegszeit die Besiedlung der Margarethenhöhe II ermöglicht.

Nachdem inzwischen 2744 Wohnungen stehen, ist nur noch eine Restfläche von 4,1 Hektar im äußersten Süden der Margarethenhöhe zwischen der Sommerburgstraße, dem Helgolandring und der Norbertstraße frei. Von den rund 400 Wohnungen, die darauf noch entstehen sollen, werden die ersten 48 Ende 1974 bezugsfertig.

Die Margarethenhöhe gehört zu den mit Grün gesegneten Stadtteilen des Essener Südens. Sie ist nicht nur von Grün umgeben, sondern auch mit Grün durchzogen.

Ringsum liegen die Wälder der Siepen, außerdem im Osten die 80 Hektar große Gruga und im Westen der 45 Hektar große Südwestfriedhof mit dem Waldausläufer des Nachtigallentals. Hinzu kommt im Norden das grüne Mühlenbachtal, dessen Waldspitze sich tief ins Siedlungsinnere zieht und mit vielen Gärten verbindet. Gerade das war der Akzent der Gründeridee: Gärten, viele Gärten. Da kann sich der Bewohner betätigen und Freizeit sinnvoll nutzen. Und indem er für sich schafft, pflanzt er der Allgemeinheit Sträucher und Bäume.

Den geistigen Vater der ungewöhnlichen Siedlung holten sich die Essener aus Darmstadt. Es war der Architekt und Soziologe Professor Georg Metzendorf, der gegen die graue Typisierung lieblos hochgewuchteter Arbeiterkolonien die Vielfalt einer echten Gartenstadt setzte.

Winterstimmung an der Ruhr. △

▽ Baldeneysee mit Blick auf Fischlaken

Ausflugslokale und Spitzenrestaurants laden im waldreichen Essener Süden ein: Jagdhaus Schellenberg

„Heimliche Liebe". Das ist in Essen nicht nur ein süßes Geheimnis, sondern der Name einer Gaststätte. Sie liegt auf dem grünen Drosselanger in Heisingen und gehört zu der bunten Palette von Ausflugslokalen im Essener Süden. Nach der durch nichts bewiesenen Fama soll die aus einem Bauernhaus hervorgegangene „Heimliche Liebe" dereinst das verschwiegene Stelldichein eines Essener Konzernherrn mit seiner Geliebten gewesen sein. Ähnliche Amouren ranken sich poetisch auch um das nicht minder originelle Ausflugslokal „Schwarze Lene". Es liegt malerisch mitten im bewaldeten Hang über dem Baldeneysee und gestattet einen einmaligen Ausblick auf das Ruhrtal.

Restaurant Kockshusen ▷

Restaurant Kockshusen

Flair ist nicht nur ein Modewort

Gaumenspezialisten kommen in Essen auf ihre Kosten. Gaststätten gibt es genug. Es gibt auch einige gute Hotels, aber zu wenige.
In der Hotellerie ist Essen zur Zeit ein Armenhaus. Dieses Eingeständnis wird nur erträglicher durch die Aussicht auf zwei neue Hotels: Mit dem neuen IBM-Schulungszentrum geht in Bredeney ein 600-Betten-Hotel seiner Vollendung entgegen. Von ähnlicher Größenordnung ist das Dorint-Hotel, das im neuen Kongreßzentrum am Städtischen Saalbau geplant ist. Die hotelmäßig ziemlich ausgeblutete City ist damit aber noch nicht bedient. Sie setzt nach wie vor ihre Hoffnung auf das von einem amerikanischen Hotelkonzern angekündigte Ramada-Hotel mit 600 Betten im geplanten Hollecenter.
Die Ramada-Pläne sind groß angelegt: First-class mit dem exklusiven Rahmen, wie er in der gleichen Klasse bei Hilton, Intercontinental oder Sheraton anzutreffen ist. Ramada klingt wie ein orientalischer Traum. Viel mehr als ein Traum ist das Hotelprojekt auch noch nicht. Das Hin und Her um die Planung des gesamten Hollecenters setzt Fragezeichen, also auch für das Hotel.
Worauf ist die Fehlentwicklung im Essener Hotelwesen zurückzuführen? Als die Bauinteressenten während des Hotelbooms der sechziger Jahre nach geeigneten Grundstücken unmitten der Städte Ausschau hielten, hatte die Stadt nicht viel zu bieten.
Hinzu kamen Scharten, die die Privatwirtschaft dem Hotelwesen schlug. Zwei renommierte, aber überalterte Hotels wurden abgebrochen. Die Stadt muß nun damit fertig werden. Ihr neuerliches Bemühen ist zu loben, wenngleich Verpaßtes nur schwer aufzuholen ist.
Hotels und Gastronomie gehören ebenso wie Kongresse, Ausstellungen und Messen zu dem Circulus vitiosus, in dem eines das andere bedingt, wenn man eine lebendige, vom Fremdenverkehr durchpulste Großstadt will. Eine Stadt von der Größe Essens kann darauf nicht verzichten. Nicht um der Fremden und Gäste willen, sondern aus Selbsterhaltungstrieb. Eine Großstadt braucht den ständigen Besucherstrom, mit dem der Geldstrom parallel einhergeht.
Die Hamburger „Gesellschaft für Marktforschung" errechnete anhand der Unterlagen der Essener Ausstellungs- und Messegesellschaft, daß die Fach- und Freizeitveranstaltungen der AMGE allein 1973 einen monetären Zustrom von 106 Millionen DM für Essen bewirkten. Es ist also nicht nur zu sehen, was unter dem Strich einer Messe- und Ausstellungsgesellschaft herauskommt, sondern was durch den mit ihr bewirkten Handel und Wandel der Stadt zugute kommt. Außerdem schlägt es sich in einem wichtigen Posten nieder: dem Flair der Stadt.
Flair und Air sind nicht nur verwandte Modeworte für Anziehung und Ausstrahlung einer Stadt, für Fluidum und Atmosphäre. Sie bedeuten auch bares Geld, konkreten Gewinn. Die Düsseldorfer Altstadt hat nicht nur Flair, sie ist auch ein Bombengeschäft. Essen hat zwei erstklassige Trümpfe in der planenden Hand: das Citycenter und das Hollecenter. Für das Citycenter ist der Startschuß indirekt mit der Bauausschreibung für das Rathaus gefallen. Aber das Hollecenter ist aus der Zone des Bangens noch nicht heraus.
Die Planung für dieses Wohn-, Hotel-, Büro- und Vergnügungszentrum hatte fraglos Faszination. Die da kühn

planten, die Bauwerke terrassenförmig bis zu 100 Metern türmten und den wertvollen Baugrund der ehemaligen Feuerwache in die Höhe multiplizierten, könnten Schüler von Mies van der Rohe sein: „Macht keine kleinen Pläne! Ihnen fehlt der Zauber, das Blut in Wallung zu bringen. Setzt eure Ziele hoch an. Es kommen noch genug, die alles kleiner machen." Und Gropius warnte seine Studenten: „Sie stehlen euch nicht nur die Meter, sondern auch die Bravour."
Als wenn die beiden Großen der Architektur etwas vom Schicksal des Hollecenters vorausgeahnt hätten. Der große Wurf, er wurde bald kleiner. Zunächst kappte die Emission eines Schornsteines die Pyramidenspitzen. Dann knabberten Klimatests und aufsichtsbehördliche Auflagen an dem Projekt. Über Gutachten zum Großklima und Kleinklima reichte es bis zu der Besorgnis, ob der Fernsehempfang in der Umgebung beeinträchtigt werden könnte. Angesichts solchen Kleinklima-Denkens fand die sarkastische Klage eines städtischen Dezernenten in der Presse Resonanz: „Wenn sich die Stadtplanung nun auch noch nach dem Fernsehempfang richten muß, können wir in der Innenstadt nur noch eingeschossig bauen."
Wie unterentwickelt wirkte die City am Nordhang zwischen dem III. Hagen und dem Limbecker Platz! Nun hat die Sparkasse ihren Neubau dahingesetzt, und der einstige Hinterhof der Limbecker Straße erstrahlt im neuen Glanz. Und wie ansprechend nimmt sich die prachtvolle Fassade gegenüber denen von benachbarten Hochhäusern aus, an denen in einförmiger Nivellierung fälschlich gespart wurde. An anderer Stelle wird das künftige Rathaus bauliche Dominante. Essen hat lange auf sein Rathaus gewartet. Nun kann es erwarten, daß das Werk auch äußerlich gelingt.

Vielleicht braucht gerade eine Stadt wie Essen ein sichtbares Zeichen ihres Bürgersinns, einen Zentralpunkt für bessere Kommunikation. Das Rathaus ist immer wieder als das Haus der Bürger apostrophiert worden. Ein guter Vorsatz – wert, ihn zu verwirklichen. Toronto hat demonstriert, was man aus einem Rathaus machen kann: bauliche Attraktion, neu gewonnene Urbanität, Umschlagplatz behördlicher Leistung, aber vor allem Treffpunkt der Bürger, worin ein volksnaher Rat eingeschlossen ist. So ein Haus muß Sogwirkung haben und unausgesprochen das Gefühl auslösen: „Da muß ich mal wieder hin!"
Neulich fragte mich ein Redakteur der „Bunten" (Illustrierten), welchen schmückenden Namen sich Essen zugelegt habe, welches Attribut. Na, meinte er, so wie sich Düsseldorf zum Beispiel Tochter Europas oder Klein-Paris tituliere. Auf die fast zögernde Antwort, daß sich Essen schon mal „Stadt der Energie" nenne, schallte es aus der süddeutschen Redaktion ermunternd in den Telefonhörer: „Ja, ist doch prima! Das paßt."
Paßt es wirklich? Bestimmt stimmt es – um so mehr, als Kohle und Gas wieder Pusher geworden sind, wie die Industrie- und Handelskammer kürzlich die wirtschaftlichen Antreiber nannte. Die Stadt der Ruhrkohle AG und Ruhrgas AG schwimmt also auf der neuen Welle. Gerne zur Kenntnis genommen. Aber die „Stadt der Energie" sollte sich als Sonntagskleid ruhig noch etwas Schmückenderes einfallen lassen.
Essen ist groß und interessant. Es sollte zudem chic werden und amüsant.

Einen weiten Blick über die Landschaft am Baldeneysee bietet das Gasthaus „Schwarze Lene". ▷
Etwas von Böcklinscher Schwermut liegt über diesem Bild der sich zum Baldeneysee weitenden Ruhr. ▽

507
1887

F2

The Changing Face of Essen

Essen – a city of nearly 700,000 people. They include Herr Gustav Heinemann, ex-President of the Federal Republic, Erna Berger; the renowned singer, Berthold Beitz, internationally known businessman, Helmut Rahn, one of Germany's most famous footballers and Anton Pichowiak. Famous cinema stars born at Essen include Heinz Rühmann who lives at Munich and Ruth Leuwerik residing at Saarbrücken.
You may know these names but who is this Anton Pichowiak? Well, that's the chap from next door. Nor is there scarcely any need to introduce Helmut Rahn. Why carry "goals to Newcastle"? For it was Rahn that scored the winners in Germany's World Cup triumph at Bern just 20 years ago.
Essen – a city of 200 sq.kilometres inhabited by 371,429 women and girls against 321,340 males. The male sex is very much in the minority. And yet, for decades Essen has been thought of as a "man's city". How come? The present illustrated book will throw some light on the subject – but will also deal with the metamorphosis which this city is undergoing. Peter von Zahn expressed it as follows with his journalistic verve:
"It is going too far to prophesy that Essen is undergoing a sex-change? Once a man's city it is altering into a pretty women. Essen is indeed capable of rising above itself."

Essen doesn't satisfy hunger (Page 10)
The name of the City of Essen has no association with the German word 'Essen' meaning 'to have a meal', nor has the City at any time in its history borrowed from the people of Saxony, whose word for 'chimney' is 'Essen'.
In the process of several linguistic and orthographical changes, Essen evolved from the name Asnidi or Asnide. It was in this form that the name emerged in circa 850 A.D. when Altfrid founded both congregation and town. The final vowels 'i' or 'e' are no longer to be found on the oldest coins for Essen, minted in the reign of King Konrad II (1024–1039) and bearing the inscription 'Asnid'. Asnid became Asinde or Assinde and finally Essende. In the late Middle Ages the last letter in its turn disappeared, so that only Essend remained.
In the ensuing period of time even the 'd' was eventually dropped. It is to be hoped that no more letters of the present-day name Essen are swallowed up, otherwise it could really become the object of a meal: fare for the historian.

In Line with London and Kiev (Page 12)
The City of Essen has its centre in the earth's northern hemisphere – latitude 51 degrees, 27 minutes and 25 seconds. This parallel cuts through the eastern longitude at 7 degrees, 00 minutes and 38 seconds.
Taking the degree of latitude as a guide we find that Essen – if we travel from West to East – is in line with London, Newfoundland, Winnipeg, Vancouver (Canada), Lake Baikal (Southern Siberia), Kiev (Western Russia), Breslau and Leipzig.
Taking the line of Longitude southwards in a similar fashion we come to Luxembourg, the Lake of Geneva, Nice, Lagos (Nigeria). Should we carry on beneath the South Pole we would reach the eastern side of New Zealand, the Samoa Islands, the Hawaiian Islands and the Polar Circle west of the Bering Strait.

In the Beginning... Altfrid and Gerswida (Page 14)
Essen celebrated its 1,100 anniversary in 1952. It was a modest occasion as became the situation after the second lost war, for Germans in general and Essen in particular. Alfried Krupp had just been released from custody at Landsberg Fortress and the dismantling operations at his factory site had been stopped. Germany's largest industrial complex had been transformed into one big factory graveyard. Thornton Wilder's play about Germany at the time, entitled "The Skin of our Teeth" was written with a question mark as far as Essen was concerned. The town had not come through by the "skin of its teeth" – far from it. The most unpromising background situation imaginable for a 1,100 anniversary celebration.
Nevertheless, the date did not go unnoticed. Eleven hundred years – who'd have thought that possible of this "gold-digger" town? Even if that in itself was no reason for rejoicing, the celebration at least proffered a chance of polishing up the somewhat badly stained image of the place. In actual fact people called up the papers and even queried the city council as to whether this talk of a 1,100 anniversary was not either a mistake or else a printer's error. A centenary celebration seemed much nearer the mark. One little "hundred years" was much more in line with popular ideas about Essen.
The widespread surprise which followed the verification of Essen's thousand years of existence gave a welcome fillip to people's spirits. Essen older than Berlin, Hamburg and Vienna. Oh Boy! But a second look at the matter had a sobering effect. What was the good of a thousand years if things had only started happening during the last hundred? Many forgot their jubilation about Essen's ancient heritage and went over to the nearest task on hand. Not the historians, however. This was the chance to flex their muscles. A centennial celebration only occurs once in a lifetime, after all. The last occasion had been in 1852. That was when the City's thousand years of existence had been commemorated in a manner which swept the inhabitants at the time off their feet. But there were only 8,000 persons in the town to be swept off their feet. Krupp admittedly, succeeded in performing the pioneering feat of casting a seamless railway wheel in the same year but this had no connection whatsoever with the thousand year anniversary. It had, in fact, not sunk into the consciousness of the town.

A cynic, writing to the paper in a neighbouring city on the occasion of the 1,100 anniversary in 1952 stated that: "Nothing happened for a thousand years and one single word is sufficient to sum up the last hundred – Krupp".
One thousand, one hundred years of Essen history – to dismiss all that in two sentences and one single name is carrying understatement a little too far. The fact is that Essen's municipal history can hitch its wagon to the star of one very important name at the very hour of its birth.
Altfrid, the man who founded Essen, was a notable figure about the middle of the 9th century. He was the closest confidant of Louis, surnamed "the German", the Carolingian king who reigned from 843 to 876. Following disputes with his father Emperor Louis, surnamed the "Pious", Louis the German came into possession of the Empire of Charlemagne east of the Rhine and the Aare under the Treaty of Verdun in 843 (the Aare is a tributary of the Rhine, 293 Km. long with its source in the south of Switzerland).
Altfrid, as the king's most important middleman, worked with great diplomatic adroitness in Louis the German's East Franconian Empire which stretched as far as Magdeburg and Ratisbon in the east and embraced Switzerland and Bavaria in the south. It is a significant fact that the Treaty of Mersen was signed by Altfrid in 870 at Louis the German's behest. This treaty negotiated by Altfrid made Louis the German the undisputed victor over Charles the Bald, his half-brother, and his nephew Lothair II. When Altfrid appended his name on the Treaty it meant that Louis was ceded both large territories on the left bank of the Rhine including the area from Utrecht – part of modern Holland – in addition to Lorraine, the old imperial city of Aix-la-Chapelle (Aachen) and Mersen near Maastricht where the treaty was signed. Louis the German had reached the zenith of his power and had become the actual successor to Charlemagne, his grandfather.
Altfrid played a similar role in all this to that played one thousand years later by Bismarck for Wilhelm I, the King of Prussia and, later, Emperor. Altfrid was the king's right hand. Long before his diplomatic tour de force at Mersen the king had repaid Altfrid's successes in state politics. Altfrid was appointed Bishop of Hildesheim in 851. It was Pope Leo IV, the 104th in line, who consecrated Altfrid as spiritual lord over the diocese of Hildesheim but behind this appointment lay the appropriate wish of that strong secular ruler, Louis the German.
It was a sensation indeed for a descendant of the Saxon nobility like Altfrid to be appointed Bishop of Hildesheim at such an early date as 851. The diocese, extending, as it did, to Magdeburg in the Eastern Saxony of the time, had only been subdued a mere fifty years previously by Charlemagne and then converted to Christianity. Hildesheim was a Christian outpost in a country in which unrest still existed among the Saxon nobility. And now a scion of the Saxons had taken over the bishopric. In addition to being an expression of the king's thanks and a recognition of Altfrid's abilities, historians consider the appointment as Bishop of Hildesheim as having also been a clever political move with which Louis the German desired to bind the still rebellious Saxons to his East Franconian Empire.
The town of Essen, therefore, had a kind of Bismarck to watch over its birth. Surely that's something to write home about. But what made that important man choose this completely unimportant location, of all places, to found the future city of Essen? The reason is quite simple: Altfrid had been born on the paternal estate Asnidi. This estate included the area where he built the first church and began his Congregation of Noblewomen and the almshouses pertaining thereto – all within the area surrounding the old defensive fortress (Burgplatz).
What has hitherto been said should provide a sufficient answer to the cynic who had opined in the papers of a neighbouring city that nothing had happened in Essen prior to Krupp. The Bishop of Hildesheim, confidant of, and architect of treaties for, the first German king was no small fry. Altfrid was not only a powerful figure of his age but he was rich into the bargain. Ambitious kings at that time did not usually confine their thanks to a few well-chosen words. Having been enthroned Bishop of Hildesheim in 851, Altfrid started to build the Cathedral at Hildesheim out of his own pocket. And he dipped into his pocket once more a year later, in 852, when he began to build the first church and the Gentlewomen's Home on the site of the present Münsterkirche (Cathedral) at Essen.
This Gentlewomen's Home was intended to provide the daughters of the Saxon nobility with a place to spend their lives. It was an act as pious as it was prudent in a political sense. Altfrid, the Saxon, who had become more Franconian than the Franconians themselves and had many friendships, as an Eastern Franconian, in Western Franconia, the France of the present time, also desired for his part to hold down the Saxon aristocracy. Essen straddling the Franconian-Saxon border at the time, as today the Rhenish and Westphalian, proved just the ideal spot.
Essen had always been wide open to Franconian influence and lay only a stone's throw away from Werden Abbey where Ludger, the great missionary and later Bishop of Münster, had laid the foundation stone for the famous abbey church in 801. Such a holy area provided just the right setting for taming the still rebellious Saxon ladies to the quiet obedience of religious life. Bishop Altfrid, just as he had started his Cathedral at Hildesheim a year before, now erected the church known as the Essener Stiftskirche (collegiate church) in honour of the Virgin Mary and the martyrs Cosmas and Damian. Relics taken from the remains of these brothers tortured to death during the pogrom on Christians in Rome under Diocletian and later beatified are said to have been brought back by Altfrid in 846/47 after his visit to the Pope. Altfrid gave an instruction that an abbess of princely origin was to head the institution for the fifty ladies of rank – there was generally less than that number. He appointed his sister, Gerswida, to be the first of these abbesses. She possessed the same qualities of piety and practical ability as her brother. While Altfrid returned once again to the tasks of his bishopric in Hildesheim and to the service of the king, Gerswida carried on the work at Essen. The noble ladies in the Institution were accommodated in a building which joined the Münsterkirche at its northern end. The cloister still exists which, at that time, led to the common dormitory and refectory. The storerooms, the school and the apartments for the leading ladies in the Institution were grouped around the cloister. Although this Institution for the noble ladies was a secular establishment and lacked the strict atmosphere of a nunnery, a wall surrounded the cathedral and school areas. This, however, was intended to offer protection against the world outside rather than restrict the movements of those within.
Food for these noble ladies was provided by two bakeries, a slaughterhouse, a kitchen garden, a water mill powered by the Berne and a brewery. All these were situated outside the walls. The brewery and the twelve vineyards give evidence of the fact that alcoholic gaiety sometimes penetrated into the already somewhat wordly female realm at Essen. The vineyards, by the way, were presented to the institution by canonesses who entered into the community from time to time. Among those estates on the rivers Rhine, Ahr, Mosel and Nahe that contributed to the Institution's wine reserves were Godesberg, Königswinter and Breisig.

Gerswida ordered houses to be built outside the Noble Ladies' Institution for the 12 priests and 8 deacons who were to be responsible for the community's spiritual welfare. There were also places for accommodating the servants and workers and a barracks for the military guard. The whole settlement, that is to say, the original core of the town of Essen, was surrounded by a fortress rampart which later was turned into a wall. This was what followed the original defence fortress erected by Charles Martell – the "Hammer" – before Charlemagne's day as a kind of "Franconian protective shield" and which had been replaced or demolished in the course of time.

Gerswida, the first royal abbess, died in December 870. As an invalid she was able to follow the successes achieved by her brother Altfrid who had signed the Treaty of Mersen for Louis the German months before. This treaty ceded Lorraine and the whole left bank of the Lower Rhine area, including Cologne and Aix-la-Chapelle, to the East Franconian Empire. Strengthened by his diplomatic successes and basking in the favour of the king, Altfrid appeared, as Bishop and friend of royalty, at the Episcopal Synod of the German Realm on September 25 and 26, 870, in the town of Cologne which had just been recaptured. He announced to the three archbishops that a church had been built an his estate Asnide since 852 and that a ladies' congregation for members of the aristocracy had been founded. And that is how it went on record in Cologne – which, with its 35,000 inhabitants, was the most important town this side of the Alps at that time – that ASNIDI, the ESSEN of today, had been established. St. Peter's Church at Cologne – predecessor of Cologne Cathedral – was consecrated at the same Synod.

Altfrid lived to a great age before he died. The year of his demise was 874 – August 15, – and the place was his Bishop's Palace at Hildesheim. His mortal remains were later transferred to Essen. Altfrid was then finally laid to rest beside his sister Gerswida in the collegiate church. Bishop Dr. Franz Hengsbach, first "Ruhr-Bishop" since 1958, has arranged for special honours to be paid this year to Altfrid, the founder of Essen's churches and Essen itself, on the occasion of the 1,100 anniversary of his death.

It was in the year 852 that the domination of the royal abbesses began in Essen and this sovereignty lasted for 950 years. The last of these abbesses was Maria Cunegunde, royal princess of Poland and Lithuania and Duchess of Saxony who was born in 1740 as the youngest daughter of the Saxon Elector, Frederick Augustus II, King of Poland. Maria Cunegunde was a grandchild of Augustus the Strong, the Dresden ruler. When Napoleon started to secularize church property in 1802 – this meant the transference of church property to the state – Essen's last royal abbess fled from the French revolutionaries to Augsburg where she found refuge in her brother's castle on April 18, 1803. There she learned through a Prussian Cabinet Decree that the Essen Congregation property together with the neighbouring Werden Abbey and numerous other church properties had been secularized and added to the Prussian State. The retired Mother Abbess was allowed an annual grant of some 6,000 thalers until she died in 1826 at the age of eighty six.

45 mother abbesses reigned over the town and country of Essen from 852 until 1802, that is for a period of 950 years. They were sovereigns of a state en miniature but, nonetheless, a state. There were disputes with the burghers of Essen who desired independence and also with the Archbishop of Cologne. Familyties with various ruling houses and the assistance of a small force of mercenaries proved a sufficient bulwark to preserve the abbesses' sovereignty. It was not until the advent of Napoleon who did not need to pay court to any ruling houses that the spiritual sovereignty over the Essen state was broken in the train of a policy designed to deprive the Church of its power. At the time when Napoleon forced Maria Cunegunde to retire in favour of Prussia there were about 13,000 in "Land Essen" and 3,159 persons in the town itself.

Otto the Great presented Essen-West (Page 26)

The lands governed by the Noble Foundation around the year 1300, nevertheless, included 631 farmsteads whose original central point, the Viehof, was situated in the vicinity of today's Viehofer Platz. The Viehof controlled the surrounding farms in the Altenessen, Stoppenberg, Schonnebeck areas, parts of Frillendorf etc. The presentations made by Altfrid's patron, King Louis the German, spurred on similar presentations, some on a more modest scale, by other rulers. So it came about that King Lothair II presented the farmsteads of Berg and Kasslerfeld near Duisburg as well as Huckarde near Dortmund. The Essen Congregation came into possession of no less than 100 farms in Deventer, Zwolle and Hasselt as a result of a presentation by the Dutch Province of Overijssel on the Zuider Zee. Nine farmsteads in the vicinity of the Dutch town Twente, were added. One King Charles – probably Charles the Fat – made a big hole in his wealth by presenting the Noble Foundation with the magnificent vineyard Godesberg which supplied the ladies of the Congregation with wines from the Rhine and the Ahr. Vineyards at Ahrweiler, Königswinter, Breisig, Unkel, Cochem and Westhofen near Bonn were later added. In that very area now taken over by the Federal bigwigs in Bonn and Godesberg, the royal abbesses ruled for hundreds of years and collected the tenth part including the choicest wines.

One of the biggest presentations was made by King Otto I (surnamed " the Great") who honoured his grandchild, the royal abbess Mathilde, in charge of the Congregation, by enlarging the Institution's possessions with Hof Ehrenzell which included the farmsteads of Altendorf, Frohnhausen and Holsterhausen which are today areas of the city with more than 100,000 inhabitants. Nor was the presentation made by Duke Otto, father of Henry I, who founded the German Realm, namely Hof Beeck near Duisburg to be treated lightly.

These properties and much more added throughout the decades of time on the Lower Rhine, in the Eifel, in Westphalia and down as far as Bavaria were wiped out by Napoleon with a stroke of the pen. The abbots of Werden suffered the same fate as the ladies of the Essen Congregation. The former had accumulated large properties which were expropriated during the secularization. Today's favoured residential areas of Bredeney, Stadtwald, Heisingen, Schuir, Werden and Kettwig were, for the main part, owned by the Werden abbots.

What Altfrid had begun in 852 was brought to a close in 1802/3 by Napoleon. And what was to follow? Nothing less than the rise of Essen from being a small town to today's metropolis with the help of Krupp as an intermediary stage. But what happened before Altfrid came along, you may ask. The answer is: practically nothing. There were frontier squabbles between the Franks and the Saxons; Charlemagne marched along the road known as the "Hellweg" which, at that time, passed south of the Charles Martell Burg and followed the present Federal Route 1 more or less faithfully. (This Federal Route is now known as the "Ruhr Speedway"). Let's leave it at that seeing that this book cannot pretend to provide exact historical detail, in any case. Any city that thinks itself something has its more or less insignificant past which lies shrouded in the gloom of indefinable historical mist. Then, one fine day, the hero steps on to the stage and opens the door to municipal history, something in the manner of Lohengrin and the Swan. Essen's Lohengrin was called Altfrid and instead of arriving with a swan he brandished a bishop's crozier. But he also knew how to wield his temporal magic wand with which he peacefully made substantial gains for his country. He was one of the big figures of his time and has the edge on the legendary son of Parsifal in that he truly and demonstrably appeared at Essen in 852. Before that date Essen was the shrouded grail of which Lohengrin sings: "you must never ask about it".

The Changing Face of Essen. (Page 28)

Try and sing a song of Essen. You can't do much with "Hard as Krupp steel" can you? There nothing very poetical about it somehow. If we were to go backwards in time the words could have been used as an appeal to "hold out" during the war. But the Essen of today is as far apart from this as Heinrich Böll from Joseph Goebbels. Is there anything at all poetic about Essen, no little rhyme on tender gossamer wings that seems to fit the place? This brings us to the answer given by Peter von Zahn, the journalist from Cologne, when asked a similar question: "Essen is a journey into prejudice. This city is quite different from the preconceived notion formed in past decades and dinned into our ears".
What surprised Peter von Zahn most of all during his journalistic forays was the residential magnificence of the city's southern side with the Ruhr wooklands, the Gruga pleasure park, and Baldeney Lake and the zeal with which swimming baths were being built. Rüdiger Proske, the Hamburg futurologist and journalist, saw Essen with different eyes when he wandered through the streets. He reported on the new subway under construction, the University complex to cost a thousand million marks and the plans for extending the city programmed for the future. He later said at a symposium to colleagues and leading journalists: "We will open our eyes pretty wide when we see Essen at the end of the seventies. Essen is already tackling the future at a time when other cities are in danger of being swamped by traffic."
How does that help us? 1974 – it's still a long way to go to the end of the seventies. Let's take a look at the first pictures, however – the skyscrapers which constitute the new skyline, for example, or the new "University City" with its marked features. Much is admittedly in the nature of a start and a question mark stands before final success. But, whatever the outcome, the title of this illustrated book has long been justified: "The Changing Face of Essen."
Essen is the second-largest city after Cologne in the Western German area, bigger than Düsseldorf, with a population of 700 000. Well, what of it. People shrug their shoulders and consider it insolent to compare the two cities. And that reveals the naked prejudice with which this city has long had to contend. Essen, a town of working masses, once upon a time the armourers of the German Realm, a motley crew under the direction of an armaments king. The efforts long since made and the new structures which have crystallized are dismissed by the majority as the trimmings of a "town of shopkeepers". Essen must take two steps forward before she is given credit for one. And the municipality would have to build four or five Gruga-parks before the outside world would be prepared to concede its park-like character.
Incidentally – and this development is not a result of prejudice pressures but rather the absolute and governing necessity to turn the once grey pavements into green vistas – Essen is actually engaged in laying out parks and planting woods in the industrial area to the north of the city which will be four to five times as large as the Gruga. The plan calls for some 850 acres of green.
Who speaks up for Essen?
Heinz Rühmann, an Essener by birth, is still Germany's most popular actor. And names like Ruth Leuwerik, Paul Klinger and Helmut Käutner are words to conjure with in films. Hans Luther, one-time Lord Mayor of Essen, became President of the Weimar Republic and Gustav Heinemann became President of the Federal Republic. More names could be quoted to verify Essen's birth and style. But whatever names are mentioned one supersedes all: Krupp, which is synonymous for Essen. Whole generations of teachers have had the same experience with the little ones. When asked what they know about Essen the answer comes back pat with a chorus-like unanimity – "Krupp."
And yet a catchword has long existed which avers that "Krupp is not Essen – Krupp is in Essen." 340,000 persons work in Essen and, the greatest number of them, 13,000 are in Krupp's employ. The city administration follows closely with 12,000 members of its staff. Krupp used to nominate a third of the Essen town councillors in the Wilhelminian days after the turn of the century in an exercise of isolated and perfect power. The "three class" voting system in force at that time enabled hin to do this as he paid more than a third of the Essen tax receipts. Such imperial features have now been supplanted by a colourful, heterogeneous mixture which accords with today's economic setup where service industries at 55% have left the former sole domain of heavy industry far behind.
The Firm of Krupp still directs a concern from Essen whose work force amounts to 80,000. Brilliant captains of industry like Berthold Beitz and Ernst Wolf Mommsen have guided the giant industrial ship safely out of the troubled recessional waters of 1967/68 so that she is now once more progressing at "full steam ahead". Wherever the taxes are registered in Essen the name of Krupp is flanked by such potent tax bringers as the Rhenish-Westphalian Electricity Works, the giant Karstadt Department Stores, the Federal Offices of Coca Cola, Rheinstahl AG, Goldschmidt AG, the huge building firm of Hoch-Tief and, to provide sustenance and information for the mind and spirit, the numerous publishers and printers who have turned Essen into one of the three greatest printing centres in the Federal Republic, the others being Hamburg and Munich.
Krupp – as already stated – is in Essen and Essen would not forego Krupp for love or money. But the "Krupp myth" has long since died in Essen. This does not apply, however, beyond its confines and it particularly does not hold good abroad. No matter how often foreign newspapers or illustrated magazines send their reporters into the Ruhr in order to forward reports on the world's largest congested area outside of New York, London and Tokio, these same reporters come again and again to Essen and their first question always is: "what's the latest about Krupp?"
Krupp in Essen. This is a historical concept and an economic image so rooted in the minds of men and absorbed as part of the printed page that the stranger looking in over the garden wall is still inclined to see town and firm as an indissoluble unity, as a supposed inseparable symbiosis of living and working. And this means that there are some things which, of necessity, must be put right in men's minds. Which includes indeas about the people who live here.
It is true that Essen does not lend itself to poetry in any way – except in vulgar rhymes and couplets such as: "My capacity for beer is like Krupp's capacity for power". Outsiders have some rather unpoetical sayings about Essen. Some aver – with the rough touch of the Ruhr – that the "Esseners either sweat or roar for Red-White". It's not difficult to discern that "Red White" is a football team.

"The Essener sweats" – the inhabitants, therefore, live to work instead of working to live. They are Germany's pack-mules. There is certainly some truth in this but only half the truth. The whole truth is more differentiated. The man from Essen is certainly fond of working like the rest of the Ruhr. Nobody can deny this without turning tradition and history upside down. But technical progress in Essen was accompanied by progressive thought.
Industrialisation brought many from outside into the town and they were received with open arms. It was the normal thing to receive strangers into the vicinity, a process which had gone on for well over a thousand years. Under such circumstances reserve towards outsiders would be inconceivable. A moment ago I said that strangers were received with "open arms" but open arms do not always gently caress at first sight. There is no wild enthusiasm. Essen's eastern border is, at one and the same time, the border between the Rhineland and Westphalia. Even though they live in a border area they are, in fact, Rhinelanders. Not merely in a geographic sense but as regards temperament.
Everyone knows Heinz Rühmann so let's take him as the typical "man of Essen". There is a tendency to smile and be gay even if in a less unbuttoned manner than the people in Cologne and Düsseldorf who burst their sides at the lest excuse. Heinz Rühmann has chosen to make Munich his place of residence but their is no trace of a Bavarian accent in his speech. His is the dialect of Essen – a touch of the Rhineland and a touch of Westphalia.
Let us be entranced by the voice of Ruth Leuwerik. She is also typical of Essen. Or even Paul Klinger who played in more than a hundred film. Born in 1907, he died two years ago and was one of the best-known and most popular mimes in Germany particularly as regards dubbing foreign films. The general public saw William Holden, Cary Grant, Gary Cooper, John Wayne or the Frenchman, Jean Gabin – but the voice was always that of Paul Klinger. He was born in the Spichern-Strasse in Essen.
How is it that Essen produced such excellent speakers as Heinz Rühmann, Paul Klinger and Heinz Drache? Essen stands – as it were – on the linguistic doorstep between the Rhineland and Westphalia and the speech is a kind of German "King's English", that is to say standard pronunciation without dialect. Linguistic discipline is, however, necessary. If the Westphalian dialect is allowed free reign the consonant R becomes slurred and if Rhineland dialect takes over the R is stressed and the L is uttered in an oily fashion. "Kirche" becomes "Kirsche" (for non-German speakers – a "church" becomes a "cherry").
But the people of Essen – as we have seen, a mixture of Westphalian and Rhinelander – do not allow this to happen. Speaking without any perceptible dialect they can mimic the Berliners and the people of Northern Germany ("the Hanseatics") to the life. Rühmann, for example, speaks the Berlin dialect in a masterly fashion. That was the reason producer Käutner chose him to play the title part in the "Hauptmann von Köpenick", apart from his abilities as a mime. Once there was even a film which was almost entirely in Essen hands. It was entitled „The House in Montevideo" after the comedy by Curt Goetz. Heinz Rühmann and Ruth Leuwerik played the leading roles and Helmut Käutner was the producer – all of them from Essen.
Of these, Helmut Käutner was the last to visit Essen and he came to celebrate the 100th anniversary of his old school, the Helmholtz Gymnasium (one of the 26 Essen classical high schools). In his address, Herr Käutner – who now lives in Berlin – made the following statement: "I liked living in Essen and I liked going to school here. I am a staunch defender of this city. Many think it is ugly. That's simply not true". Many of his listeners, knowing Käutner to be a man of understatement and more inclined to gentleness than aggressiveness seemed to hear unspoken sentiments in his Essen speech, as who should say: "it's high time someone pointed this out".
Where is Essen actually situated? Geographically between the rivers Ruhr and Emscher, in the heart of the "coal-pot" as they say locally and surrounded by a wall of prejudice. The belief that pieces of dust as big as coal briquettes fly through the air in Essen is a prevalent in Cologne as it is in Stuttgart or Munich.
Paul Klinger told a story which exactly illustrates this attitude: "A Bavarian in leather pants and with a green feather in his hat once asked me in a beer-tent at the October Festival whether 'it wasn't true that people have to wipe the dust off their lips before kissing a girl in Essen' – I played up to this man by answering 'more than that – we have to shake the briquettes out of our pants before we embrace a girl'."
Cities like Munich. Cologne or Düsseldorf are fortunate in being evaluated on the basis of either their architectural highlights or their magnificent streets. Essen, on the other hand, while being the fifth largest of all the German cities – after Berlin, Hamburg, Munich and Cologne – has obviously the bad luck of being judged by its three or four northerly suburbs. The traveller's eye is caught by the city's industry with the chimneys, works' entrances and coal miners' dwellings as he travels along the railway line from Cologne to Minden. He does not even dream of the remaining 37 districts within the Essen boundary. Why should he, in any case? Essen, surely that's the dreary workers' city which he once experienced either before or after the war! Krupp comes to his mind. Cannons and so forth. Away from here as quickly as possible.
Visitors to Essen are spared one arduous task. There is no need to compliment the locals on their city. Essen people don't expect it. They are accustomed more to kicks than ha'pence. In fact people even express surprise that the locals manage to exist at all in such a "coal pot". In order to be taken seriously by strangers the people of Essen start talking about the unusual gathering of different races that lives side-by-side in their city, rather than by trying to extol the virtues of the city itself. This is, in fact, the case with all the cities in the Ruhr's congested area but is most emphasized in the Ruhr Metropole.
Krupp was the largest industrial operation on the face of the globe before and after the turn of the century.
The "Krupp-Stadt" of that time attracted people not only from Germany but all over the world. They flocked into Essen attracted by the glowing furnace fires as moths to a candle. There was work to be had, there was solid payment in the form of golden marks. Prospective workers were not informed in advance as to what it meant when one had to work in temperatures of 45 to 50 °Celsius in hardening steel or to breathe in coaldust at the mine seams. Thus it was that thousands came to Essen and helped to create the unique "economic miracle" which distinguished the town. Rhinelanders were there, people from Westphalia, too, Hesse was well represented and, of course, the Lahn area where the people were as poor as church mice. Persons from Alsace and Lorraine, workers from Belgium and Holland. The second great industrial wave swept in workers from the East: they came in grey hordes from West Prussia, East Prussia, great numbers from Masuria who preferred to speak Polish to broken German and then the Poles, themselves, the Czechs, Hungarians and Yugoslavs... who can tell from where they came, who can verify their name? Horst Katzor, a Lord Mayor, once put i poetically at a gathering of Germans from the East: "The programme arranged by the concert of the nations here in Essen includes polkas, mazurkas, waltzes and Rhineland folk dances:

polkas and mazurkas for the East Germans and the Poles; waltzes for the inhabitants of the Imperial Empire of Austria-Bohemia-Hungary and Rhineland dances for the locals who have lived here for generations."

Carried away by the tonal picture he had conjured up, he proceeded to say exuberantly "Yes, indeed, polkas, mazurkas, cracoviennes, Czardasses, Viennese Waltzes, Rhenish folk dances, Prussian Marches and, let's not forget our French friends, as far as I'm concerned we can add the Can-Can. It all adds up to one glorious terpsicorean riot."

Local pride may also be excused in the Ruhr. But there are also some less enthusiastic observers who see the old genetic doctrine confirmed in Essen's new streets – "the more colourful the mixture, the better the type."

Star photographer Harold Griffith who provided the illustrations for the series entitled "Germany's Miracle Maidens" in the famous US illustrated paper "Life" some years ago, confessed: "we got our best pictures in the least likely place – girls born for a camera-shot with long shapely legs or gentle as a doe, dressed in the very latest fashions. I've no doubt they work hard for their living but never looked washed up. Those girls crossed our path in Essen, the city on the Ruhr and its neighbour Mülheim. Think of our crazy preconceived notions of this industrial centre! Coal and juvenile work in the mines had blotted out all thoughts of the fair sex."

The people of Essen have not proved the favourite children of history. When the thousand years of domination by the royal mother abbesses had crumbled under the thunder of Napoleonic invective – that was in 1802/03 – Essen's population amounted to a mere 3,000. It shot up like a mushroom under the hammer-blows of the Krupps, the Dinnendahls, the Kirdorfs and Grillo, but it was a growth both undisciplined and gloomy. The raw atmosphere of the pioneering spirit still reigned in Essen at a time when neighbouring towns like Düsseldorf had long been bathed in the perfume of royal courts. Industrial hazards in this "gold diggers" city on the Ruhr left little elbow-room for municipal grandeur and subtle nuances.

The Essener knows this. He can perceive that they constituted a mass of hard working people for a long period but not a city. They grew up modestly. They have continued to be modest. That should not, however, prove a bar to their reflecting on the present size and importance of their native city. Essen was rich in population even before the war when the number of its inhabitants already exceeded that of Frankfort, Breslau, Dresden or Düsseldorf. But as far as an urbane character or metropolitan aspect was concerned, Essen could only present a large city with many extremely varied suburbs, at the very most.

Essen could not present a municipal picture appropriate to its 700 000 inhabitants until the end of the fifties. The narrow streets of yore, the half-baked shopkeeping fraternity and the old "gloryhole" touch provided by the second-hand dealers and rag-and-bone-men have given way to a city whose pavements constitute one of West Germany's most popular shopping centres and whose new skyline – towering upwards to over 300 feet – marks an impressive signpost to this new development for the visitor from afar.

Much has changed. Much has only just begun. Essen, with its 680,000 people and, latterly, with about 700,000 after the incorporation of Kettwig, developed into the fifth largest West German city in the post-war era – meantime bigger than Leipzig in East Germany with about 620,000 inhabitants. But who's to know that right away? A survey of public opinion in Hamburg gave an indication of what Federal Germany knows about Essen:

Hamburg was asked which was the largest industrial area in Germany and 42% of those questioned (a percentage reached by no other city) opted for Essen, more or less spontaneously. Hamburg, which is actually the biggest industrial city was only given by a very small percentage.

Willing as they were to accord Essen with the fairly doubtful distinction of being Germany's biggest industrial city they seemed all the more prepared to deny offhand her claim to be one of Germany's largest cities. Although Essen takes its place in line behind Berlin, Hamburg, Munich and Cologne, as the fifth largest German metropolis, the vast majority of those questioned placed her behind cities like Frankfort, Düsseldorf, Stuttgart or Hanover. Much smaller cities like Nuremberg or Kiel ranged higher in the public's favour than Essen.

Journey to the "Land of Prejudice" (Page 38)

Essen should really be described in the manner of a "whodunit". The name of the city should not be given until the very last page as a kind of solution to an urban mystery – following the method employed by Edgar Wallace or Agatha Christie when the identity of the murderer is kept secret until the end. Readers of Sexton Blake literature deceive themselves by turning to the last page first: but to start a book on Essen by putting its name first is deceit in itself.

The same applies, of course, to other towns as well. Nothing sticks like the clichè, nothing clings more persistently than prejudice. Some live by it. Take the name "Heidelberg" as an example. Eyes become misty, a hoarse melody arises from the throat: "I lost my heart in Heidelberg". Even those who never saw the town in its beer-drinking and sword-rattling days join lustily in the song. No one thinks of today's hard facts, of the streets jammed with automobiles, the tawdry romanticism seen "the morning after", the rebellious louts that pass as students. But that dosen't worry the tourists who still gaze in open-mouthed wonderment, half credulous, half dazzled, at tales of the Dwarf Perkeo and how much wine he could take without batting an eyelid in the Heidelberger Fass.

Or, take Potsdam, as another example. "Ah! Potsdam", says the starry-eyed bystander "the garrison, Frederick the Great, Prussian military marches, goose-steppers, and all that". Potsdam is, in reality, much more endearing and a veritable El Dorado of architectural styles. Even the "Commies" in the East Zone havn't been able to change that aspect.

But when we get to Essen. By golly-factories, pits chimneys (also known as smoke stacks) humans worked to a frazzle, ashen grey, tons of soot, scarcely any sky. That is admittedly an exaggerated picture but exaggeration sometimes brings home the truth – it is yesterday's idea of Essen, or even the day before that, but a picture that still haunts the multitude.

Well, you are probably saying to yourselves, here comes Mr. Clean-Easy to change the scene in its entirety. When he's finished we will realize how wrong we've all been. Essen is actually the finest place on the face of the globe. Not at all. We are not going to sweep dust under the carpet nor do we want to tell fibs. It is not the idea to paint Essen in false colours. Let's have a look at some of the facts. Essen was, once upon a time, the biggest mining city in Europe. At its most prosperous Essen had 22 pits with 60,000 miners. That was in 1956. What is the position today? Since the end of 1973 Essen can boast of only one pit, the "Zollverein" which is situated at Katernberg to the north east of the city. There is also a coke plant with the same name. The other 21 coal pits have disappeared since 1957 when the industry began to die out. They have gone for ever since abandoned pits cannot be reopened for use like an empty house. Pits collapse and sink into nothingness.

To try and reopen them would be contrary to the rules of economic sanity. It would be better to bore into virgin soil beneath the ground.
In the middle fifties the chimneys of 22 coal pits belched forth their fumes, now only one smoke stack is in evidence. This inevitably led to a considerable lessening of air pollution. Not only did the "largest mining centre in Europe" dissolve – the plural form of the word disappeared also, for "mines" read "mine". The closure of the pits, however, was not the only reason for Essen's increasing purity of air. The foundries closed their doors with the same rhythm as the coal production declined. An example of this is provided by the zinc foundry at Borbeck which was opposed strongly by anti-pollution agencies and borne with Job-like patience by the general population. This foundry has been a thing of the past for five years. Welcomed by the economic wizards, a large aluminium foundry took root in the neighbourhood, at Vogelheim on the Rhine-Ruhr-Canal. But this plant, the most modern works of its kind, produces with the very minimum of dust and noxious gases. This minimal amount of pollution is not a whim of the Goddess of Chance nor yet a result of orders by the factory owner deciding to "grin and bear it". Not at all, it has been ordered by the competent institution in the Land Government of North-Rhine Westphalia and that particular institution carries out daily supervision.
This brings us to one of the most important catchwords of the new era. For the very reason that the Ruhr was such a maelstrom of dust and noxious gases, Land North-Rhine Westphalia decided to make it the venue for its Anti-pollution Institute. That was in 1963 and the location was the city which had struggled against pollution of the environment earlier and more intensively than anywhere else – Essen. The environmental authority which bears the somewhat highfalutin name of "Land Institute for Protection against Emissions and Cultivation of the Soil" has been sniffing the air for more than a decade. These particular sniffers are experts who are not the handmaids of either factory interests or profiteers' aims. This Institute has, in fact, set up many stations placed at strategic points throughout the Land for measuring pollution of the atmosphere and makes the sinners against the environment do penance for which there is no remission. There was frequent weeping and gnashing of teeth, pleas for mercy, appeals to economic sanity, so called, but all in vain. Not even the powerful Chambers of Industry and Commerce in the Ruhr nor the Craftsmen's Guilds – who can argue the toss in a tough way – availed. Dr. Heinrich Stratmann, chemist and biologist, who heads the Land Anti-Pollution Authority, freely admits that difficult negotiations often resulted that the sparks sometimes flew. But not a single environmetal penalty was remitted. Has there been any kind of pressure from the corridors of power, any compulsion exercised on the anti-pollutionists from one lobby or another? No. The Land Institute would, in any case, be strong enough to withstand such pressures and bring them into the open. Wiser counsels prevailed, both sides trod the path of sweet reasonableness and consideration.
Success was achieved and can be deatiled exactly. Figures speak for themselves: when the Land anti-pollution authority was set up in 1966 – in Bredeney, a southern Essen suburb – the first large-scale measurements showed that an annual weight of 350,000 tons of dust fell on the Ruhr. By 1970 the figure had decreased to 240,000 tons. Even so, the amount of dirt falling from the heavens at the beginning of this decade would have filled 185 goods trains with a total of 12,000 trucks. So many coal pits and obsolete works having been closed it is expected that a further decline in the quantity of dust – about half, amounting to some 120,000/130,000 tons – will be registered this year. This means that only a third of the dust particles descend on Essen today compared with 1966.
Dust is not the only enemy from the air. The Land Institute for Pretection against Emissions also has the task of forcing poisons out of the atmosphere. What successes in this field have been achieved after ten years? On the positive side we find that the sulphur-dioxide content of the air over the Ruhr as a whole has gone down by 55% and by 60% in the more favourably placed city of Essen which lies to the south. Essen is, in fact, completely out of the red zones, so called, except for a few hectares in the extreme north.

Why Essen in particular? Well, Essen is the most southerly town in the Ruhr. Southerly not to be understood in the gegoraphical sense of being opposite to north but rather in the climatic sense of a favourable location. No other Ruhr city has pushed its southern half so far into the "Bergisches Land" (Lit. "Hilly Country"), into those pleasantly undulating and richly verdant foothills of the Rhenish-Westphalian Schiefer-Gebirge. You can sense the Sauerland, that haven of relaxation, when in the south of Essen. Hagen, metropolitan gate to the Sauerland, lies opposite. And such charming little towns as Langenberg or Heiligenhaus can be found only a stone's throw from Essen's southern boundary. Frederick Flick, for instance, the richest German of them all in the post-war era, an industrial magnate of the first order, took up private residence in Heiligenhaus. The slightest bit of incorporation and Flick would have become a "man of Essen" like so many other captains of industry, hereditary millionaires or scientists with a flair for cash. Otherwise there is no cogent explanation for the expansive villas and millionaires' bungalows in parts of the town like Bredeney, Stadtwald or Heisingen.
The meteorologists of the North-Rhine Westphalian Weather Office in Essen (affectionately known as the "met men") are well able to prove the geographical and climatic advantages of the southern Ruhr area through thousands and thousands of measurements. The Ruhr lies between the southern foothills of the Rhenish-Westphalian Mittelgebirge (Bergisches Land, Sauerland) and the Lower-Rhenish – Münsterland plain. A wind frequency of 55% to 62% prevails from the south-west, west, or north-west, which allows the maritime air masses over northern France, Belgium or Holland to penetrate without difficulty across the flat countryside of the Lower Rhine into the Ruhr area.
The prevailing winds are favourably directed from the southern slopes of the Mittelgebirge into the Ruhr and find a good glide-path with drift into the northern Ruhr area. The result: the Ruhr is almost always well and truly aired. Average wind speed is four metres per second. That is a relatively high and constant wind speed in contrast to other places like Bonn, Stuttgart, Frankfort, Tokio or Los Angeles – that is to say as against places (or other locations, too) where the wind very often seems to stand still. The natural climatic prerequisites for the Ruhr are more favourable. Damp air streams from the west prevail which prevent the formation of haze and vapours.
To this extent Rolf Menge, the director of "horror" films mistakenly placed his hotly disputed film "Smog" in the Ruhr. He was told this quite bluntly by the scientists. But Menge lives by films which make the flesh creep and gave millions of T. V. viewers sleepless nights with his remorseless "Millionending". Consequently the admonitions given fell on deaf ears. There's a lot of folk in the Ruhr and it's full of automobiles. That was enough for Menge. A "favourable climate" had no more to do with it than the flowers that bloom in the spring. Nor did the fact that the air over the Ruhr never yet approached the red "smog-zone" inhibit

Menge from locating his "Smog" science fiction in the Ruhr and, primarily, in Essen.

The very thought is horrible: dusty conditions would so increase the sulphur-dioxide concentration in the air that breathing becomes torture. To give publicity to such an eventuality with a view to spurring on the necessary preventive measures might be justifiable had Menge not taken the Ruhr as the natural background for his script. The television screens thus flashed their warning fingers at the Ruhr with the words: "that's where the danger lies" without a shadow of justification.

The Ruhr, in fact, has never yet been threatened with this danger. The nearest thing to it occurred in 1968 during an unusually unfavourable constellation of air. Much has improved in the Ruhr since then. Such a unique confrontation of two "weather fronts" at a time when there was a complete calm has never occurred since.

The meteorologists bound together by a worldwide network of weather stations know better than that when it comes to Los Angeles, New York and Tokio which are much more prone to smog conditions. It does spell danger when the air is becalmed for more than four days. The Ruhr's good air ventilating streams have fortunately taken care that such dangerous meteorological states always end before the fourth day. Munich, Frankfort, Bonn and Düsseldorf are places in the Federal Republic where smog has hitherto been a more likely phenomenon than in the Ruhr. Munich, in particular, with its peculiar and nauseating wind known as the "Foehn" and its enormous traffic problem make the Bavarian Capital more difficult to live in than the Ruhr Metropole which does not have the Foehn to contend with and is less often visited by "pea soupers" than the towns in the Rhine lowlands closely hedged in by oil refineries.

If you want to get from Düsseldorf or Duisburg to Essen it is an uphill journey. It's not like scaling the Alps, of course. The difference in elevation amounts to 600 feet at the highest points in the south of Essen and the average height is 300 feet. Essen's northern boundary is the lowest point in the city being 90 feet above mean sea-level. This is exactly the height of the Hattram-Strasse in Karnap, that is to say, in the heavily industrialised Emscher plain.

The way rises steadily onwars from that point in a southerly direction and reaches some 330 feet in the centre of the City, 500 feet in Bredeney and 600 feet on the Barkhof-Allee in Werden-Heidhausen. That is the modest "eagle's eye" point of vantage from which to survey the surrounding countryside, a place situated in sharply contrasting surroundings. The ground falls steeply away from the feet of the beholder right down into the Ruhr Valley with its Baldeney Lake which provides an unthought of surprise for every stranger. Monarchs, princes and economic potentates have, at all times, prized this panorama at both sides of the Ruhr Valley. The Abbots of Werden who at times were very rich, built their baroque residential palace on the Ruhr slopes and the Graf zu Isenburg, Provincial Governor of Essen, felt he was dominating the Ruhr Valley as he peered at it like a falcon from his lofty castle in the Schellenberg Forest.

How could the mightiest of all, Alfred Krupp, have stood in the shadows unter these circumstances? Krupp, the most influential economic power on the Continent until his death in 1887 and the biggest manufacturer in the whole world built a stupendous residence, known as the Villa Hügel on the Ruhr's northern heights which, at one and the same time, was a conglomerate of fortress, castle and villa. Even he did not find it easy to obtain space on the Ruhr heights. It was not a matter of money – Krupp had sufficient of that. It was simply a fact that every property to be had on the left and right of this pleasant Ruhr valley had already been grabbed by the living. Only the Hügel (hill) remained for the taking. And the only reason this Hügel had not been built on was the fact that some unscrupulous despoiler of the forests had denuded the place of trees at the dawn of history.

It might have been a bald hill, completely deforested, but the main thing was that Krupp had a place to build. After all, Krupp was a man with success at his fingertips – why should'nt nature itself bow to his command, and so it was.

But Alfred Krupp was no longer a youngster in 1869/70 and could not wait for seedlings to grow to maturity. So he issued an order to nature in the form of already grown trees. Whole colonnades were uprooted far and wide – even in countries abroad – loaded on to huge trailers and delivered to the Hügel to the astonishment of a wide-eyed public.

Krupp, the factory genius, the man who knew not only how to hold on to his good workers but to get the most out of them as well must have had an excellent gardner or forester. Because this man, whoever he was, disproved the saying that "you can't transplant old trees". About every second tree – and they were giants – took root and flourished in the new surroundings. As early as the following spring Krupp was able to wander under the green shade provided by the trees for the grey hairs of their commander. Those trees that proved less tractable were simply uprooted and replaced by others until the Hügel had been transformed from a bald hill into a richly verdant mount.

Many a prince or Croesus had taken up residence either on the slopes or heights of the Ruhr Valley: from Hattingen, where the Ruhr river starts on its journey in the Sauerland, reinforced by large dams, along the ten Essen kilometres until it gets to Mülheim. But none of these former residents achieved the dominating effect of Krupp's colossal concept no matter how much money they had invested. The Villa Hügel, for three generations long, housed that man who paid the most income tax in the German Realm. More than the Kaiser himself, more than any of the industrial magnates since the Kaiser's days. And money talks.

Whether crowned head, chancellor, economic tycoon or famous name – they all knocked dutifully on the door of the Villa Hügel in the years that followed. Kaiser Wilhelm I and Kaiser Wilhelm II, Bismarck, Hindenburg, Hitler, and, last not least, Reza Pahlewi, the oil-conscious Shah of Persia – and each of these visitors paid tribute to the mixture of Renaissance palace, Wilhelminian opera house and Victorian railway station which met their gaze. But the stony edifice sent chills down some spines.

No matter how much opinions may have differed on the "stone colossus" – termed "Villa" with masterly understatement – there was complete unanimity about the Ruhr Valley stretching away beneath the visitors' feet: enchanting, "incredible" (Wilhelm II), lovely, marvellous, fantastique, meravigliosissima.

15 years ago someone thought up to the slogan "Essen's quite different". "Since then" opined a recent cavilling critic "Essen has clung to this Sibylline utterance and left the interpretation of the 'difference' entirely to chance. What I would like to know is: how is the city different and from what is it different?"

Such catechizing may certainly have been justified years ago but has meanwhile become purely academic. The City of Essen has long since come to recognise that this catchword – of somewhat negative origin – about Essen's being "different" no longer shapes up to the requirements of modern public relations. Essen has come out of its shell and is not now on the defensive. Publicity has become positive, realistic ans self-confident – adapted to the latest trends. Following the phases of reconstruction and refur-

bishing, this self-confidence has been noticeably strengthened quite recently by large building projects with a future aspect such as the Subway, the University, the Town Hall with City-Center and the Holle-Center. The people of Essen sense that their City is flexing its muscles to an unusual extent and that it is quickly outstripping many a former famous competitive municipality.
And the people of Essen take note of all this, not with an air of langurous snobbishness but of quiet self-assertion. A public opinion poll recently showed that 76% of the Esseners felt the underground was the most noteworthy achievement. This is an attitude which deserves close attention because, since 1964, that is to say, for ten long years, hordes of underground workers, technicians and engineers have been burrowing beneath the earthy expanses of the city centre, making huge holes large enough to accommodate Cologne Cathedral, constructing underground stations as extensive as the Central Station, have been tunnelling under large blocks of buildings and spending money like water. A good DM 400 million up to now. What is there to show for all this? Trams can now use the whole 560 yards of subway line at the City Saalbau along the Huyssenallee. Dieter Hildebrandt, a local wit, quipped: "We've got the slickest subway in the world. You're no sooner in than you're out again".
No other section of this subterranean construction can yet be used as the terminal and turning points at the other extremes of the business sector – an intensively built up area – are not ready for operation. They will rest for years, until 1978, like a modern sleeping beauty until awakened when the last hammer has been laid aside on completion of the ring of stations: Porscheplatz, Viehofer Platz, Berliner Platz (University).
That's the length of time Essen has to wait for its first 15 kilometres of subway. Ten years of slush, dirt, vibration, stress have been suffered: four more years of noise and hardship and all that goes with a project costing more than DM 1,000 million, lie ahead. All that, for that! And yet, the people of Essen support their subway and find it magnificent. Good luck to them for they have grasped the simple fact that to come up in the world one must first go down.
The building activities for the university started later. A capital investment of DM 36 million enabled the first of six eventual sections to be taken into commission about six months ago. Just a start. But what a breakthrough this means for Essen. A university in the city. From the point of view of principle alone. After all, past potentates consciously prevented the founding of universities in the Ruhr. Wilhelm II expressly forbade seats of higher education for fear they might distract the workers from their actual vocation as armourers at the "Anvil of the Realm". Hitler held the same view.
After the "Ruhr University" built on green meadows in the neighbouring city of Bochum – campus model – comes the integrated "total university" in Essen. This type of university, conceived according to the latest research, is called "total" because there is no concentration on the classical university subjects but, on the contrary, an all-embracing educational syllabus is presented. This university will not be situated somewhere outside the "city gates" but rather at the very heart of affairs and will provide a binding link between the worlds of business and the authorities, on the one hand, and the residential areas in the north and the north-west, on the other. It is supremely important to have the influence of such a large unversity, not only from an architectural standpoint but also from the point of view of learning, in that very area where unrestrained industrialisation during the last century conjured up the disadvantages of grey-in-grey. This is not merely a seat of learning; it is, at one and the same time, an architectural gem which presents a structural improvement in that part of the City where it is most sorely needed.
Let us confine ourselves to the two monster construction projects taking place just now: the subway and the university. Both will eat up billions of Marks, both are tasks of a century not hitherto attempted singly in the life of a generation, let alone two at a time.
This is an aspect stressed by the Essen publicity of today when it speaks of the City's changing face. The guides in the busses taking strangers on a tour of the sights point out – as in the past – the breath-bereaving masses of flowers in the Gruga, a vision unique in municipal parks of this kind. Attention is further drawn to the four heated outdoor swimming-pools in the Gruga, to the three other similar baths at the Baldeney Lake, to the beauties of the Baldeney Lake itself and to the other "green zones". Exaggerated praise for the green swards, the flowery paradises, the autumnal forest romanticism and the droll antics of the seals in the aquarium, however, which has risen at times to the intensity of a lyrical purple patch, has now ceased to be an end in itself. Essen does not wish to harp continually on the fact that there are more green parks about nowadays than the average bystander might suspect – particularly in the south. The reality of the City is what counts; the urbane refinements and manners of the City are in the foreground. Essen has at last something to offer or is working thereon with all its strength.
Among the conclusions arrived at by Peter von Zahn, well-known publicist, after spending some days reporting on Essen, were the following:
"Every schoolchild knows well that they work hard in Essen but that Essen works a good deal to improve itself is a fact not so generally known. It is nevertheless true; the City is continually aiming at improvement and trying to get rid of the reputation of being a sooty survial from the 'founder years'. Swimmung-pools and schools, parks and hospitals, homes for the old and youth centres are appearing at a rate unequalled by scarcely any other German city. Essen is bringing order out of traffic chaos, extending its suburbs, eliminating the wounds and scars left behind by the war and the all-too-carefree wave of industrialisation."
Having let the rough "founder years", the sweaty toil, and the "he-man" attitudes pass in quick succession before his inward eye, the world-famous publicist and film-maker concludes by saying:
"Is it presumptious to prophesy that Essen is changing from a city of male attitudes into a city making itself as pretty as a woman? Essen has the power to rise above itself."

A simple Spoon was his Start in Life
Alfred Krupp – Industrial Genius of the Century.

(Page 48)

Up to now, well over a dozen books have been written about the Krupps. They are mentioned in many others – and not just in passing. Some books are publicised eulogies, some are homages. Some can be called pure public relations work. But in the post-war period, above all, authors appeared on the scene who didn't care about the name of Krupp and its transformation into a dynasty. Above all it was the Americans who really got to work on it. In 1960 Norbert Mühlen from New York wrote a 300-page book, called "The Krupps", which had a mixed reception. The critics

called it everything from "exciting narrative and economic history" to "far removed from objectivity" and further to the charge of "utter injustice".
This book by Mühlen, who is Doctor of Economics and one of the leading economic journalists in the USA, is regarded by Krupp experts as being mainly incorrect. But what he managed to achieve with his 300 pages was only a whisper compared with the roar let loose by William Manchester when he released his best-seller on the international book market. He took over 800 pages to explore twelve Krupp generations in his book "Krupp".
For weeks and months, the firm of Krupp gave the author ready access to archives and literature, and help in his researches. Then a book appeared, a book that showed no consideration in its 33 chapters, let alone thanks.
Above all, Manchester hits hard at the successes of the great company builder Alfred Krupp. Alfred's son Friedrich Alfred, known as Fritz, comes out of it much better than does his son-in-law, Bertha Krupp's husband, Gustav von Bohlen und Halbach.
William Manchester will not be the last one to write a book on Krupp. No matter what one thinks of his opinions in this mammoth work, one cannot neglect his narrative style. And he does not belong to that dark group of those who have only published pamphlets about Krupp. A rumour is abroad that a Frenchman is currently working afresh on the Krupp material. And there will be more. The name of Krupp is too fascinating for authors and journalists to forget. That is an international fact, and especially so when brought down to a local level.
Whoever writes about Essen, and forgets Krupp, or pushes the name on one side, is either unknowledgeable or a complete idiot. That Essen was, at least until the end of the first world war in 1918, the Krupp town, is no fairy tale. Only Jakob Fugger in Augsburg dominated a town economically and mythically like the Krupp dynasty in Essen.
If one visits the family burial ground at Bredeney and stands in front of the graves, looking at the dominating monument to Alfred Krupp (1812 – 1887), one regards this giant in death as out of place. No monument is even remotely near in stature to the six metre tall dark marble frame of Alfred Krupp. Is it a real expression of the dynasty, a justified expression, judget next to the figure of Alfred? One thing is certain: Alfred Krupp prepared the way for Krupp's greatness, not the founder of the firm, but the industrial genius who forged an economic empire out of bankruptcy. No German industrialist has had so many superlatives showered on him as this man Alfred Krupp during the second half of the nineteenth century.
Of the world's largest economic concerns, Krupp is today in 28th position in terms of turnover, and in 51th place in terms of employees. The largest German firms, too, like Volkswagen, Siemens, BASF and Daimler-Benz, are only placed in a bracket lower than 20th position. The leading economic giants of are time are the Americans. In its time, Alfred Krupp in Essen was the giant. When, in 1865, the United States, exhausted and exploited, and set back years in economic terms, ended the civil war between the northern and the southern states, Krupp already had 8,000 employees: five years later it was 13,000, and in 1887 as much as 20,000. His first machine, workshop 9 built in Altendorf, was the largest in the world, and the temper of Krupp's steel the basis of all this greatness. Krupp delivered railway parts and weapons world-wide. Before Cornelius Vanderbilt in New York in 1870/75 became the railway king on the other side of the Atlantic, Krupp was already crowned king as such in the old Europe.
Krupp had already started in railways in 1849. His starting point: he was given the job, by the Cöln-Mindener railway company, of delivering steel axles for 200 railway coaches and steel springs for 500, at a price of 20,000 thalers.
At the time of the first railway line construction through the Ruhr (via Altenessen) the Cöln-Mindener company had two years previously neglected Essen – they could not by-pass the quality of its steel. Far and wide without competition, Krupp's steel reputation grew as the iron axles used up to then broke more and more causing accidents on the lines.
It was 1851 before Krupp made its real breakthrough. He succeeded in casting the first seamless railway wheel. A casted circular wheel, that from that time on, banished the unpleasant bumbs ot the past on the rails – that was the great success of 1852. The world turned its head for the first time towards Essen, or rather towards Krupp. It didn't just look either, it ordered. Thus it was that Krupp, as a manufacturer, found himself connected to the greatest achievement of that time, the railway. He was the man who implemented the short stretch between Nürnberg and Fürth in 1835. Krupp cast steel in wheels and springs, got rid of the brittle iron, and the seamless wheel made business go really smoothly.
The seamless wheel was Krupp's greatest hour. The firm took the invention of 1852 and adopted it as their trade mark. The trade mark consists of three intertwined rings.
In 1852 Essen had a population of 10,500, and Krupp had 345 employees. As Krupp's railway business grew, and later the armoury business too, the population and the Krupp staff grew in parallel. Ten years later, 1863, Essen reached the 30,000 mark and Krupp had increased its size to 6,000. About the time of the Franco-Prussian war in 1870/71, when Krupp's railway parts as well as armour were in much greater demand, Essen had reached 51,500 and Krupp some 9,000. When Alfred Krupp died in 1887, Essen, with a population of 75,000, was three-quarters of the way to city status, and Krupp had 20,000 employees. Thus Krupp employed almost 30 percent of the population of Essen.
One cannot continue in this way. Krupp works were mainly in Altendorf, only incorporated in 1901. Many Krupp workers lived there, as they did in Borbeck and Altenessen.
Krupp was not the only Essener who, during the industrial awakening, made a name for himself in the Ruhr, At the beginning of the nineteenth century, Franz Dinnendahl built the first steam engine in the Ruhr, and created bases for using the new power to drive the mines deeper below the clay surface. Frederick Grillo, born in Essen of immigrant Italian parents, and the owner of several mines, made mining important, and was later to become the founder of Schalke part of Gelsenkirchen. The financier Ernst Waldthausen, too, played a great part. More names crop up, as Mulvany, the Irishman, who grew rich in the Ruhr, Hugo Stinnes who moved to Mülheim after founding RWE in Essen, or Theodor Goldschmidt, who moved from Berlin to Essen and built up a chemical concern of world-wide renown. Without belittling these and other business men, it was mainly Alfred Krupp that brought power and splendour, through his incredible rise to fame, to Essen.
Kaiser Wilhelm I hurried to see Krupp in 1861 for the second time. Wilhelm I, after the death of his mad brother Friedrich Wilhelm IV, had just been called to the throne of Prussia, and came with a large following. Alfred Krupp presented the monarch with an order of the day that proposed a profile of Krupp's production, which would have been long and demanding for any visitor. From the production of steel to axle, wheels and guns, Krupp showed his guests, during this tiring trip, almost everything that was happening. The braided following of the king, by yawning, restlessness and murmurings, left but little doubt as to what they felt about this thoughtless smith by the name of Krupp. Not so Wilhelm I.

Naturally patient and chivalrous, he bravely lasted the pace well into the evening, although the overwhelming size of the Krupp exhibition must have taxed his nerves. But the monarch knew that he needed this man Krupp, this fanatical industrialist, the railway and gun king.
The initiated were nor surprised that in the following year, the demands of the Essen industrialists for a railway line through the middle of Essen, which had been shelved for years, become a reality. Gentle kingly pressure helped to lay the lines so badly needed; Krupp needed them too to transport his goods and workers. The Rheinisch-Märkisch railway company built a station on the Duisburg–Essen–Bochum–Dortmund line where the main station now stands. If one sees a photograph of this first "Central Station" in Essen, one is tempted to break into hysterical laughter. The barrack could not be beaten in terms of ugliness and shortcomings. But that happened to be the style, thrown together, purpose-built. Nevertheless not only Altenessen but Essen as well had its railway line and station.
After winning the Franco-Prussian war with Krupp guns in 1870/71, and his proclamation as German Emperor, Wilhelm I visited Krupp again. The Emperor's generals used Krupp guns to conquer Sedan and take the French Emperor Napoleon III capture. Next to Field-Marshal Moltke, Krupp was the victor. The French Emperor must have been bitter at coming across the covered guns of Krupp on his way into exile after the defeat. Years before the war with the Prussians, in 1867, Napoleon had invited the gun manufacturer from Essen, on the occasion of the Paris world exhibition, to move his factory from Essen to near Paris. Alfred Krupp remained in Essen. The Iron Chancellor of the German Empire, Otto von Bismarck, visited Alfred Krupp twice as well, before and after the war. The two hard men, it is said, liked one another. Alfred was openly delighted at Bismarck's praise for the first-class horses in his stables on the hill. The tall slim Krupp was a passionate horseman. Even at 65 years of age, he rode to his factories from the Bredeney hill via today's Alfredstrasse, Bismarckstrasse, etc.
From his father Friedrich Krupp, who died at 39 years of age of dropsy in 1826 on a mingy bed of straw in his no less mingy cottage near the steel-casting factory in Altendorf, Alfred Krupp, born at the Flachsmarkt in Essen in 1812, took over a bankrupt firm and seven workers. They were dedicated workers that Alfred wanted to retain under any circumstances. But the men looked sceptically on the growing teenager, who was all of fourteen years old. However 14 and then 15 can be of some value especially when those years belong to a fanatic. Alfred worked 16 to 18 hours, slept little and forged plans for his firm even in the quieter hours of the night.
There is hardly another industrialist who could call upon the latin noun for industry as Krupp could: industry = hard work, activity. At the beginning Alfred Krupp was everything in one body: manufacturer, clerk, engineer, smith, labourer, his own apprentice, and on top of this a salesman and representative who could really get on other people's nerves with his proposals.
He travelled, like a door-to-door salesman, throughout the countryside and sold his iron files until late in the evening. Then he succeeded in the first of his inventions. He constructed a roll which continually produced very ordinary spoons. The first conveyor belt in the world had been invented. He produced some 1,700 spoons. Later he added forks to his product range. His spoon roll helped Alfred Krupp to rid business of the lull it was in. He sold one to England. That caused a sensation, as, until then, England was the workshop of the world. Krupp soon changed that.
One of the most significant tools in Alfred's life was a large writing instrument at his bed-side. Whenever, suffering from sleeplessness as he did, he lay awake or woke up, je jotted down ideas and instructions for his workers. No thought was allowed to be lost for work the next day, when he was the first to arrive at the factory and the last to leave. 30,000 of these notes were able to be collected for the Krupp archives – certainly only a small part of what it took Alfred Krupp, even at the end from his sick-bed, to run his empire. When he was buried in July 1887, at the age of 75, for 61 years of which he had worked, in a cemetery near the Kettwiger Tor close to the main station, 20,000 Krupp employees produced 197,000 tons of steel, and 570,000 tons of coal per year.
The world's railways ran on Krupp wheels, on Krupp springs, on Krup lines, and the rulers of that time were supported in power not least of all by the 25,000 guns that Krupp manufactured in his life, and which he exported to other ruling states.
No matter how his biographers depict this man – stubborn, aloof, who became increasingly psychopathic as he grew older, who nevertheless became a world-famous smith – as far as Essen was concerned, one thing was certain: that Alfred Krupp was king among founders. He led Essen out of its ignominious existence as a small secularised township to industrial fame. Just under a decade after his death, in 1896, Essen reached city status with a population of 100,000. As leader of some 40,000 Krupp workers, by this time, was Alfred's only son, Friedrich Alfred, known as Fritz.
Even though Wilhelm I, as King of Prussia and later Emperor of the German Reich, had honoured Alfred Krupp four times with his presence, Emperor Wilhelm II paid the first of a mass of visits to Essen on the occasion of Essen's accession to city status on 28th October 1896. So often in the Villa Hügel in Bredeney was the Emperor's standard to be seen flying during the next 22 years, right up to late in 1918, that the rumour stuck in Europe that the Hohenzollern Emperors shared in the profits made by Krupp's manufacturing enterprises.
The Ruhr had for a long time become the power base for the Empire. Over and over again the London "Times" was quoted as saying that the Krupp city of Essen was really the anvil on which the sword of the empire was tempered. In 1912, Franc's leading economic journal wrote – and it was quoted by nearly all the Paris newspapers: "The German Emperor rules in Berlin. But the capital of his power is Essen".
Emperor Wilhelm II took the liberty of playing a trick even on his first visit to Essen. "S.M.", as the uniformed and helmeted monarch was called in the short Prussian manner (Seine Majestät – His Majesty), visited the town council with Fritz Krupp unannounced. A painting in the town archives, even today, shows the measure of surprise that his royal highness effected on his most humble servants. Everyone knelt down in homage; only the Lord Mayor Erich Zweigert came quickly to, his senses and greeted S.M., whilst Krupp stood involuntarily next to the Emperor as if to emphasise that he, the powerful man in the City, had introduced the powerful man of the Empire. Nevertheless Zweigert was, even in the Krupp era, one of the lucky cases, that is even today one of the marks of Essen, with Lord Mayors like Wilhelm Holle, Hans Luther, Franz Bracht and Gustav Heinemann, Hans Toussaint, Wilhelm Nieswandt and Horst Katzor.
Several world-famous inventors were connected with the name of Krupp. On 10th April 1893, a 36-year old machine engineer appeared at Krupp with a brand-new patent for a new type of combustion engine. It was Rudolf Diesel, who had com from Augsburg; he appreciated the quality of Krupp steel and declared to an impressed Fritz Krupp, in his lecture: "Theory and construction of a rational heat motor" – "My complete machine must be made of steel".

Built by Krupp in Essen, with the helpf of the Augsburg machine factory, four years later Rudolf Diesel presented to an astonished world the pioneering heat motor, the "Diesel", named after him. The remarkable achievement of 32 horse-power put the first Diesel engine on its feet.
Another great man had already, in 1888, visited the Krupp's at Hügel; he was the chemist and industrialist form Stockholm, Alfred Nobel. 21 years after his invention of dynamite, the man who was to be the founder of the Nobel prize, presented Krupp with the smokeless gunpowder. That was, in the true sense of the word, grist to the mill of Krupp's gun production. The revolutionary invention of Nobel had the advantage that no powder smoke would betray the position of the guns and that the soldiers would no longer be shrouded in black powder smoke. Because the new gunpowder also had a much higher explosive force, it was just as important for the machine-guns obtained under licence from Hiram Maxim as for the construction of artillery that would have a even greater range. Krupp guns thus became much longer, more impressive, and made advances in quality beyond that of any other weapon manufacturer.
If Krupp biographers, archivists and the eternal public relations officers always determine that Krupp, the "railway-king", was greater than Krupp, the "gun king", it is firstly perfectly understandable, and secondly quite justified. Apart from the second world war with its terrible crimes, when Krupp employed amongst its 273,000 workers some 100,000 foreigners and forced labourers, the weapon production at Krupp has never been greater than 28 percent. The mainstay was the railway.
The Americans, too, ceaselessly obtained railway parts from Essen. Even if the companies around New York, in Pennsylvania, in the middle west of Oklahoma or in the wild west of Colorado, Arizona and California, were constantly at arms, the important parts of their competitive railways came from the same source: Essen. So it is that many western films, that decipt, with a backcloth of the years between 1855 and the turn of the century, the histories of the dominating iron horse with smoking colts and Indian arrows, must at times justifiably bring the three Krupp rings into the picture from far off Essen, with the caption "made in Germany".
No matter how many guns, naval vessels, submarines and above all, drive shafts for ships of all types, Krupp may have manufactured in the course of a century, there is no longer any trace of weapon manufacture in Essen. In the "mixed warehouse" at Krupp, as it is today aptly named, the main emphasis is on socio-economic expertise and nowhere is this fact more marked than in the finished factories and machines that Krupp designs and builds all over the world. Of around 80,000 Krupp employees, there are still some 13,000 in Essen. Economically Essen is, in the meantime, supported by many other pillars. The steel and coal giant of yesterday has developed a much wider base. The colossus of yesterday has become the sleek flier of today.

They were drawn like Moths to a Candle (Page 62)

The Ruhr is inevitably fated to become an object of "discovery" year after year on someone or another's part. This may be in the field of publicity, through the eye of the photographer or the art of the cameraman. Some years ago a fellow wandered through the "Revier" (local dialect for Ruhr District) and "shot" a series of pictures subsequently published as an illustrated volume. This pictorial publication bore the name of "The Ruhr". But it turned out to be a completely wet blanket. The pictures seemed black-and-black instead of black-and-white. Grey proved a comparatively gay colour in that doleful company.
Scarcely had the dust settled on that episode when a T. V. Producer from Cologne conceived a dismal picture called "Woman in the Ruhr". Now no less than 2,900,000 women and girls live in the Ruhr. These are typical German women such as you see from Hamburg to Munich – unless you include the backwoods where inbreeding is still the done thing. This producer, however, depicted females who were – without exception-bulging out at the wrong places, of vulgar mien, women who were plebeian, blethering, chattering types. The reservoir from which he obtained his typical "women of the Ruhr" turned out to be, in the main, a team of 45 charwomen cleaning a block of offices.
When the Lord Mayors of Essen and Bochum protested that the title "Women in the Ruhr" was a grotesque misrepresentation in view of the selection made, the T. V. people were hurt that their "artistic intentions" were misunderstood.
Mr. Menge, the writer, who wanted to paint his "Smog" film with a Ruhr background at all costs, was particularly depressed at the fact that Essen could not provide a sufficient number of smoky chimneys, industrial furnaces and not even one single blast furnace for his chamber of horrors. He actually had to call in the assistance of the smoke stacks at the Bayer chemical works in Leverkusen which he mounted on to his prints depicting the Ruhr. On an earlier occasion Claus von Bismarck, Director of the West German Radio Network, had already frankly conceded that there would always be people who allowed themselves to be misled by age-old clichès.
Who would indeed deny that the Ruhr – including Essen – has its black spots, its dreary backyards, its rotting workers' settlements, its town areas badly in need of restoration! But, surely, the same can be found in Flingern at Düsseldorf or in the Cologne suburb of Kalk?
All our visitors who come in order to "rediscover" the Ruhr – in the manner that they would approach the negroes in the Congo or the last backwoodsmen of Mindanao – have arrived 60, 40 – at least 15 years too late. What they want to see and are today trying to recapture doubtlessly did exist at one time, at the turn of the century at the very worst. These bad prevailing conditions were alleviated somewhat by modern technical progress although they were still burdensome in the thirties when the factories and the coalpits were driven at full steam for Hitler's armaments programme.
When the forced interval resulting from the war and the post-war period of desperate need had ended every chimney that could be found was required to belch forth smoke again. This was at the beginning of the fifties when the solution was felt to be "coal at any price". Anyone desiring to write reminiscences of the last few decades can find much useful material in the annals of Essen. To complete the picture it would only be necessary to converse with some of Essen's older inhabitants. They can still vividly recall the "Ruhrpott" days with the bitter air and the continual taste of soot and smoke on the tongue.
During the last years of the nineteenth and the first years of the twentieth centuries Essen resembled a town in the days of the gold rush except for one thing: the fascination of gold had been replaced by commodities which did not shine so brightly. Gold had been replaced by hard steel and coal which blackened everything. There is no smoke without fire. There was no soot without money. Industry was the irrestible magnet which attracted the multitudes. The mines and the factories sent forth agents to recruit labour as far afield as East Prussia, Masuria, the underdeveloped areas of Poland and what is now Czechoslovakia. These agents were expert salesmen who conjured up hypocritical pictures of the Ruhr and the money that was to be made there.

People came in droves, well-intentioned folk in the main, plagued by poverty with one desire only – to see a golden Mark shining in their palms. Day labourers, destitute handworkers, the unemployed, the needy farm labourers. No matter how beautiful thier native spot migth have been they were glad to get away from the pangs of hunger and the lash of the landowner's whip. "To the West! On to the West!" was the cry as they set out on the trail.
Essen was the geratest Moloch of all time, a monster that was only too willing to devour those who wanted to work hard. Even if the smell of soot and coke filled the air – there was also the smell of money. The hundred years between 1860 and 1960 consequently saw an enormous increase in the Ruhr's population. In fact, it rose 15 times while to population of Essen grew phenomenally to 36 times its original figure – from 20,000 souls to 730,000 souls.
With this growth Essen set up an absolute European record. Thirty-six-fold in a hundred years. The population of Germany, by comparison, increased three times in the same period. From 20,000 to 730,000 – a population explosion that could scarcely take place without upsets and upheavals even if we take into account that Essen expanded from 8.8 Sq. Kilometres to 195 Sq. Kilometres during the course of time. The additions which really provided the much needed space, however, did not take place until 1926, with the incorporation of town areas like Werden, Kupferdreh, Heisingen, Überruhr, Steele, Kray, Stoppenberg and Karnap. That was at a time when Essen's population already numbered 475,000. The largest acquisitions from the point of view of area before that had been Borbeck, Bredeney and Haarzopf in 1915.
When the greatest migration of peoples since the Germanic migrations of the 4th and 5th centuries had concluded about 1930, each eighth German from within the borders of the Realm (Reich) lived in the Ruhr and every hundredth lived in Essen. Had this "land of the pits and mills, the furnaces and the forgings" become well and truly the homeland of these people? It is a difficult question to answer. They lived here, at any rate, they worked, sweated, earned money and took possession of their new Land. They helped to place a recognizable stamp on the City and the Land of the Ruhr, together with the local inhabitants and the migrants from the south and west of Europe.
What had awaited their arrival seemed to have been designed by Hephaestus, the god of fire and forging. Hephaestus was the most able of all the children of Zeus according to the ancient Greeks. Their mythology tells us that all admired his artistic achievements in the palaces erected for the other gods, the costly items he created, and the shining weapons he forged, like Achilles' shield. But they also laughed at him because of his most peculiar build. Homer described Hephaestus as having had a limp. The master of fire and forging created by Zeus was cleverer than the rest of his creations but marked down. It seemed as if the Ruhr desired to appear like Hephaestus: unbeatable as regards ability but wanting in beauty.
The people who came to the Ruhr, however, did not query the price of beauty. The factories promised work, work meant money. Money promised security and security meant the acquisition of a homeland. There are certainly a hundred other links in this chain which, then as now, caused friction, made abrasions, induced pain and even proved mortal. In the last analysis, however, it was the chain at which they grasped, that chain which bound them to the work to be done and which formed the bond with their new homeland.
Many have attempted to describe the type of people living in what was the world's largest workshop, to define the mixture from which this colourful human conglomeration sprung. The most successful of these was, perhaps, the world famous author Heinrich Böll in his impressions penned in 1957/58. Among other things, he wrote the following:
"The word Ruhr has not only a mythical connotation but also an untertone of abstract ruggedness. A chain of mental associations is always set in motion when the name of this little river crops up: Krupp – Essen – cannons – miners – power. On those heights, in those valleys, throughout that Western March – say the Germans – you can smell soot and money, steel mills and coal dust, coke fumes and chemical vapours; you can smell power. But there is a particular awareness of youth, barbarity and unfeigned simplicity".
In another place, he says: "The people are metropolitan without being everywhere urbane; much remainds us of Berlin's calm, sensible warmth. The population are quick-witted and helpful. In fact, nowhere else in Germany do you find such level-headed, cordial, unspoilt and quick-witted souls. It would seem as if the influence of tourism has a more delecterious effect than that of mills and pits."

A museum of International Rank (Page 78)

Persons desiring to view the great paintings of the late antique era or those of the early baroque period may travel to the Uffizi in Florence, the Vatican in Rome or the Louvre in Paris. There they will find the masterworks of Botticelli, Titian, da Vinci, Michelangelo and their contemporaries. People whose first love is the baroque or the classical schools need not go so far. Rubens, Rembrandt, van Dyck, Canaletto, Breughel or Hals may be seen in Amsterdam, Brussles, Cologne or Dresden. But those who wish to see evidence of 19th or 20th century masters will have only experienced a fraction of what there is to view if they have missed out the Folkwang-Museum in Essen. This is a veritable treasure house for friends of Impressionism, Expressionism, Fauvism and the Moderns of the last decades.
Does it not sound presumptious to mention Essen's Folkwang-Museum in the same breath as the Louvre, the Sixtine Chapel, or the Rijks-Museum at Amsterdam? Only presumptious to the extent that you hold the masters of the past centuries, the aura of the Renaissance and the Baroque, in higher esteem than those who have pushed their way to the front as men of genius during the last hundred years. Anyone knowing his art finds this unnecessary because he knows how to look at things in perspective: everything in its own time. That is to say: the originals which hang in the Folkwang-Museum have equal rank and therefore, world significance. Many big names of the 19th and the 20th centuries are represented in the Folkwang-Museum in Essen's Goethestrasse, a building, by the way, which is not only modern in aspect but cosy and homely as well. To mention only a few names:
Cézanne, Corot, Daumier, Gauguin, van Gogh, Liebermann, Manet, Monet, Renoir, Delacroix, Slevogt, Spitzweg, Braque, Picasso, Chagall, Miro, Klee, Marc, Feininger, Rohlfs, Nolde, Matisse, Heckel, Dix, Kandinsky, Kirchner and many others. Anyone, for instance, wishing to trace the fingerprints of Toulouse-Lautrec does not absolutely need to climb the dusty steps of Montmartre. Folkwang can also show him. There are some Toulouse-Lautrec graphics and lithographs in the Poster Museum.
Folkwang – the name conjures up Teutonism and echoes of Valhalla. But it only sounds like that. Karl Ernst Osthaus, the Hagen banker, who founded the Folkwang-Museum, was, like many of his generation, quite at home in the Edda Saga. He called his original private gallery "Folkwang", after the palace of Freya, goddess of spring, love and beauty. He viewed Freya primarily as the goddess of spring, as the precursor of a new era. This corresponded to his concept of the Folkwang Museum's being a repository of the avant-garde.

When Hans Luther, Lord Mayor of Essen and later Chancellor of Germany, acquired the Folkwang Cellection for Essen in 1921/22 with much diplomatic adroitness, the German name remained. Why cavil at spring, beauty and love, in any case? Clinging to this old name, however, does not justify the suspicion that an old Germanic cult is being practiced behind the walls of the Essen Museum. Quite the contrary is true: this Museum is, if anything, inclined to favour comtemporary art even if the classical masters like Caspar David Friedrich, Ludwig Richter, Adolf von Menzel, among others, are also present.
Doing things in the grand manner, however, does not always mean turning up trumps. Dr. Paul Vogt, the Director of the Folkwang-Museum who has gained international recognition, and the members of his staff have long since abandoned the old attitude of dignified tedium of waiting for visitors to turn up. They have gone to the people in the form of campaigns, special exhibits, and super-modern productions intended to provoke controversy; attempts have been made to capture the interest of children – in short, the Museum is active, approaches are being made, attention is being drawn to what is being offered, invitations are being issued. The Folkwand-Museum had more than 300,000 guests in 1973 which put it among the three most visited of the 35 museums in North-Rhine Westphalia.

Memories of Brahms and Strauss in Essen. (Page 82)
Essen's cultural life maintained a true proportion to its cultural development. Apart from a short period of flourishing activity in the middle ages, Essen continued to be a small town until the industrialisation took place at the beginning of the last century and culture played an equally small part in its life. The explosions following experiments with guns manufactured in Essen for centuries proved more accessible than musical sounds.
There were, it is true, some noble ladies with artistic leanings among the 45 royal abbesses in the Essen Congregation during its 950 years of regency. This had been especially true since the 17th century. These abbesses promoted church music and song among the canonesses with exemplary zeal. Essen had, after all, the reputation of being the most refined congregation of the German nobility. Noblesse oblige – also in a cultural sense. But even though examples of fine musical taste may have been exhibited from time to time, it all remained the preserve of isolated efforts at church musical activity. There was, admittedly, some liaison with the town of Werden ruled by famous abbots. But neither Essen nor Werden sent out cultural impulses which embraced the mass of the people.
Anyone wishing to hear a really first-class concert about the year 1700 would have had to ride to the neighbouring town of Düsseldorf where works by Steffani, Corelli and Handel were performed in a popular fashion at the Court of Johann Wilhelm, the Elector. Essen, however, lacked the flair of a royal capital.
After the secularization had taken place in 1802/03 and when the industrialisation started Essen began to storm ahead. What happened in Essen during the next few decades, compared to the thousand years of slumber which had preceded, was like the swift upwards path of a jet of flame. Production and population grew at an enormous rate. In a cultural sense, however, Essen was like an "underexposed" film until well into the seventies.
That this film saw the light of day at all during the first founder years was due to the miners' band and some miners' choirs founded in 1816. It was not all a matter of hard work; sometimes they played and sang the song "Glück auf, Glück auf!" ("return safely"). Nor was this merely a hearty chorus or empty phrase. Anyone who has ever seen the miner below the surface at his place of work knows how deeply justified is this wish. After 10, 12, or even 14 gloomy hours with dust, mud and heat as his closest companions, a safe arrival above ground was certainly something to make a song about. Important as this most killing of callings was for the town, however, it still did not signify culture.
No sweet musical sounds could have withstood the noisy clamour made by "Fritz", the largest hammer in the world as it crashed down 216 feet in a cast steel operation in 1861. Alfred Krupp's wife, Bertha, had an artistic background and was related to the well-known conductor and composer Max Bruch. But Alfred Krupp reacted negatively to his wife's request that Max Bruch be invited to Essen. The "man of steel" regarded music as a kind of "spiritual dope" and "hocus pocus". Thus it came about that the first chance of connecting the name of Essen with a great master and with Max Bruch's magical Violin Concerto in G Minor (Op. 26) was lost by default.
The faltering start with the miners' band, the miners' chorus and the instrumentalists of the seventies led, nevertheless, to the foundation of the Collegium Musicum and, later on, to the Essen Amateur Orchestra. The Baedeker family had gone a long way towards preparing the intellectual atmosphere. This family of Baedeker carried on a bookstore and published a paper both of which were well above the average level of the time and both of which provided intellectual and cultural impulses. Essen still recalls today the Baedeker-Haus in the Kettwiger Strasse with a certain amont of affection, which contained one of the largest and best assortments of all the German bookshops and formed one of the productive cells of the publishing dynasty later to become famous – the foster fathers of tourism in the German-speaking world.
The amateur orchestra of the "EssenerMusikverein" ("Essen Music Association") had advanced so much at the beginning of the eighties that one of the German musical giants accepted its invitation to conduct. This was no less a figure than the great Johannes BRAHMS, the Hamburg composer then resident in Vienna and, now over 50 years of age, at the zenith of his creative powers. Johannes Brahms directed the Essen Amateur Orchestra in 1884 and 1885. Among the works they performed was the "Tragic Overture" which he wrote in 1881. A appropriate piece of music in the circumstances. If not exactly tragic, Essen's cultural life was still in pretty poor shape.
Apart from the highlight of Johannes Brahms, Essen's first notable cultural achievement dates from 1887. Frederick Grillo, coal magnate and financier, informed the delighted collegium of the Town Council in October of that year of his wish to present Essen with a theatre and complete furnishings and fittings. A chill went down the councillors' spines, however, when they learned only six months later that the celebrated Maecenas had died in a state of mental collapse. He was then 63 years old. His widow, to the delight of all, carried on the good work started by her husband. Krupp also made contributions of support. It should be emphasized that this was not Alfred Krupp who had also passed away a few months previously. His son, Frederick Alfred – known as Fritz – was more culturally inclined and dipped into his pocket in the good cause.
Essen's first municipal theatre was opened on September 16, 1892 to the strains of Beethoven's Overture "Consecration of the House". The first stage performance was devoted to Lessing's comedy "Minna von Barnhelm". Essen could meantime boast of almost 100,000 inhabitants and was just about to attain city status, it had the world's largest factory and was now – at long last – blessed with a municipal theatre. Frank Thiess has said that a certain "rise in temperature" must precede every achievement of note and this

axiom should certainly be applied to a transformation of the scope described. Men like Baedeker, Judicial Councillor Hans Niemeyer and Zweigert, the capable Lord Mayor, had made provision for the necessary "rise in mental temperature" during the preceding years until Grillo, the financial magnate and a descendant of an Italian opera fanatic, got the message. Gold is where you find it.
Things began to snowball after that, if such a profane expression is allowable in the rarefied heights of cultural sublimation. A Municipal Orchestra came into being in 1898 alongside the Essener Musikverein's amateur orchestra. The Krupp Educational Association started in 1899 and with it a group of generous financial donors. Herr Stemme, a local hotel and brewery proprietor was numbered among the latter. He owned and directed the Hotel Stemme, located at Kettwiger Tor somewhere in the vicinity of today's "Handelshof", perhaps a little nearer town. We have already mentioned the German character actor, Heinz Rühmann, whose name is a household word in Germany. Well, he was born in the private quarters of this Hotel on March 7, 1902. His mother was Herr Stemme's granddaughter who had married one of her grandfather's staff named Hermann Rühmann. Heinz subsequently lived as a child near the Essen park known as the Sadtgarten and has said of those days "we used to play there as children or go for a walk there with mother. Those were great days."
What was the dominating cultural factor in the Essen of those days? The great municipal concert hall, known as the Städtische Saalbau on the Huyssenallee which was opened in 1904. This concert hall proved to have marvellous acoustics to the delight of the musical public. These acoustics helped the resounding success which was accorded RICHARD STRAUSS when he came to conduct the opening concert which was devoted to the second public performance of his "Sinfonia Domestica".
The good acoustics of the Saalbau soon became a talking point with the result that the Allgemeine Deutsche Musikverein – German Musicians' Association – held their 42nd meeting at that venue in 1906. This meeting was devoted to the work of new composers and the undisputed climx of the festival was the first public performance of Gustav Mahler's Sixth Symphony conducted by Mahler himself. In recognition of the place where the first performance was being given Mahler incorporated the crash of Krupp's forging hammers into his work in a concerted manner. Richard Strauss also appeared at this supra-regional musical concourse. This festival of composers' ended on atragic note with the news of the death on the last day of Lord Mayor Erich Zweigert who had acted as host. Richard Strauss conducted Mozart's "Maurische Trauermusik" in his memory.
The Essen Municipal Orchestra having come to full efflorescence under the hands of such famous men as Johannes BRAHMS, Richard STRAUSS and Gustav MAHLER soon found conductor of the highest qualities. His name was Hermann ABENDROTH who subsequently rose to international fame becoming Music Director and Chief Conductor to the city of Cologne and Director of the famous Leipzig Gewandhaus Orchestra. Abendroth took over the Essen Orchestra in 1911 and by that time the city had managed to abrade its "egg shells" – read "cast stell plates" – and become something more than merely a home for factories. Culture had made its ceremonial entry and in future Essen held an esteemed place among the large German cities. This applied to the theatre as well as music. Two magnificent venues were now available for concerts: the Saalbau for the Municipal Orchestra and the Folkwang High Scholl for Music and the Dance. The Municipal Orchestra was conducted for more than thirty years by Professor Gustav König and he had a good partner – especially in the field of chamber music – in the High School for Music directed for many years by Professor Heinz Dressel.
The Folkwang School turned into a focal point for the dance during the twenties and the thirties. Kurt Jooss, choreographer by profession, who headed the School, won the first prize in the international dancing competition held in Paris in 1932 with his dance-drama "The Green Table" and became world-famous overnight. He made a triumphal tour with his Folkwang Dancing Group throughout Europe, North and South America giving some 3,000 performances.
The courage to skate over cultural thin ice is typical of the readiness of this City to experiment as has often been demonstrated and was exemplified in no small way as far back as 1906 when Gustav Mahler was invited, a man whose music was by no means universally accepted at the time. This attitude continued under the permanent theatrical producer, Dr. Erich Schumacher when invitations were given to Jean-Louis Barrault to produce the "Book of Christopher Columbus", and to Jean Genet with his play "The Walls" which created a veritable furore. Rolf Hochhut's hotly debated play "The Representative" was even produced on the Essen stage.
There hav, of course, been brilliant performances of conventional and intellectual theatrical plays in addition to the avant-garde. Essen producers and artists have put a significant stamp on contemporary creative culture in Essen, in addition to well-known guests from abroad.
Anew cultural era dawns un Essen this year with the departure of Erich Schumacher und Gustav König as far as theatre and music are concerned. Dr. Hans Jürgen Waidelich, the new Intendant, is presenting a very promising programme. Essen has also succeeded in attracting a conductor of international renown as new Director of Music in the person of Professor Heinz Wallberg (51). His artistic endeavours in Essen are expected to radiate far beyond the confines of the City itself. Thanks are due to Essen's new administrative chief (Oberstadtdirektor), Dr. Ernst Finkemeyer, for having won over Professor Wallberg who had many other offers to consider. Intermediary difficulties which cropped up were overcome by this musically talented city official.

A Battalion of Doctors at Work (Page 88)
Offering 1,650 beds and a full range of medical services, the Klinikum in Essen is one of three large hospitals in the land built to meet any eventuality. Attached to it are numerous bodies involved in scientific research and the study of medicine.
In 1972, with an audible sigh of relief, the City placed the Klinikum, which had been run as a municipal hospital, under the authority of the State of North-Rhine Westphalia. For the last time the City had to pay an annual subsidy of DM 30,000,000 – an unbearable burden in view of the constant upward trend. A clinical hospital of this size has more than purely local duties and obligations and with a yearly budget of DM 120,000,000 can no longer be financed by a municipal treasury. Approximately 3,000 people are employed at the Klinikum, 900 of them as nursing staff and about 500 as doctors. The number of doctors therefore approaches the size of a battalion.
In the complex of buildings, which lie between the Hufelandstrasse and the Gruga and resemble a small town, the medical facilities extend to a radiology clinic, which in the fild of tumour research is, together with Heidelberg, the most prominent cancer clinic in Germany.

Flair is not merely a Vogue-Word. (Page 125)
Connoisseurs of food get their money's worth at Essen. There are inns and restaurants which cater for the most varied tastes and pockets. There are also some goot hotels but too few.

Essen seems like a poorhouse when it comes to the hotel business. This admission is made a little more tolerable by the prospect of two new hotels: Bredeney will soon have a 600 bed hotel to be finished about the same time as the new IBM Training Centre. A hotel of the same size called the Dorint Hotel is planned for the new Congress Centre at the Saalbau. But these two sparrows by no means make the Essen hotel summer. The City is still putting its faith in the Ramada Hotel with 600 beds which has been announced by an American hotel concern and is to be built in the planned Holle Center.

The Ramada plans are on a big scale: first class with that exclusive aura which emanates from hotels in the same bracket such as the Hilton, Intercontinental and Sheraton. Ramada sounds like an oriental dream. And, to say the truth the hotel project is not very much more than a dream at the moment. Question marks have appeared because of the ups and down in planning the complete Holle Center which also apply to the hotel.

What is the reason that Essen's hotels are lacking? The fact was that few suitable sites were available during the sixties when people interested were looking for a place to realise their plans in the City centre. And so the hotel boom passed Essen by.

Then there were some snags which arose for the hoteliers because of occurrences in the private economic sector. Two famous but obselete hotels were demolished. The City now has to bear the brunt of all this. Fresh initiatives are certainly worthy of praise although it is difficult to recapture the years that the locusts have eaten.

Hotels and gastronomy along with congresses, fairs and exhibitions are part of that vicious circle in which one factor occasions another – provided one wants to maintain a metropolis pulsating with all that organised tourism brings. And a town of Essen's size simply cannot forsake this modern bloodstream. Not because of the strangers or guests within its midst but simply from the standpoint of self-preservation.

No city can isolate itself and not suffer damage thereby. Cities need a continual stream of visitors and the parallel stream of money that accompanies them.

The Hamburg "Society for Market Research" calculated on the basis of documentary evidence provided by the Essen Exhibitions and Fairs Organisation that the specialist and free time events of the foregoing organisation brought in a monetary bonus of DM 106 million in 1973 alone. This was to the sole benefit of Essen. But one cannot estimate the value of tourism or visitors by looking at the profit and loss account of the Fairs Organisation. You have also to take the fillip to trade and business generally which benefits the city concerned. Quite apart from this it all comes to light in quite another important sector – the flair of the city.

Flair and air are not only related vogue words for attraction and expanding influence of a city, for that mysterious quality of "go" that one experiences and that distinctive atmosphere.

These words also mean hard cash, sheer profit – no more, no less. The "Altstadt" in Düsseldorf does not only posses "flair" but it's a marvellous business asset to the town as well. Essen has two first class trumps on the drawing board: the City Center and the Holle Center. The starting signal for the City Center has already been given, if only indirectly, by the invitation to tender for the Town Hall. The Holle Center, on the other hand, ist still a matter of fearfull conjecture.

Planning this residential, hotel, office and entertainment centre certainly had its fascination. The daring men at the drawing boards who visualised terrace-like buildings rising to a height of over 300 feet and who multiplied the valuable site of the former fire brigade in so doing could have been pupils of Mies van der Rohe: "Don't be modest in your planning. Show the utmost ambition. Otherwise the necessary magic will not materialise to stir your blood to the required pitch of excitement. Aim as high as ever possible. There will be plenty of people to trim down your plans at a later stage." An Gropius once warned his architecture students: "they will not only steal away the dimensions you have planned, they will deprive you of courage and enthusiasm into the bargain."

It would almost seem that these great men had some prophetic vision of what would happen to the Holle Center when they pronounced the above sentiments. The big, imaginative idea was quickly whittled down. Then the project was nibbled at by climatic tests and restrictions imposed by the supervisory authorities. Expert opinions on large air-conditioning plants and their merits and demerits as against small air-conditioning plants were called for. Questions were raised as to how television reception would be affected. The whole thing bore the semblance of bumbledom and it was, therefore, no wonder that the sarcastic plaint by a city official found a sympathetic resonance in the press: "if we are going to orient the planning of Essen according to the yardstick of television reception we can only build up to a height of one storey throughout the city centre."

The area from the III. Hagen to the Limbecker Platz at Nordhang looked like an underdeveloped ground from the back of beyond! What a whale of a difference the new Savings Bank building made to the district. The gloomy backyard effect vanished and one sensed the world of the bright lights. This new building appeals with its magnificent façade when compared with the drab uniformity of the neighbouring multi-storey buildings. The planners' levelling out process was a fine example of spoiling the ship for a ha'porth of tar. The future Town Hall will provide an architectural focal point at another site. Essen has had to wait a long time for its Town Hall and, having done so, the people have a right to expect that it will present a brave exterior.

A City like Essen, in fact, needs some outward sign of communal coherence, some central point to guarantee better communication. A Town Hall has always been looked on as the citizens' home. This is a worthy aim and should be realised. Toronto was formerly an amorphous municipal mess but it demonstrated what a good Town Hal can do: it can provice architectural distinction, it can inculcate a newly-found urbanity, it can become the clearing house for the efforts of the public sector and, above all, it can become a meeting place for the people – the place where the people's closest official representatives foregather. A Town Hall should act like a magnet and release unspoken feelings, such as: "I simply must return there again."

I was recently asked by the editor of a popular illustrated magazine – the "Bunte" – whether Essen was thinking of adopting some decorative title. Something like Düsseldorf which has become known as the "Daugther of Europe" or "Little Paris". My answer sounded hesitating – "we are inclined to the title – 'The City of Energy'". The telephone receiver crackled enthusiastically "That's a humdinger of an idea – just suits your City."

But does it really suit? It's certainly true and, all the more so, since coal and gas have recently returned to favour, "those spurs to the economy" as the manager of the Chamber of Industry and Commerce termed them. The City which houses the Ruhr Gas Company and the Ruhr Coal Company is indeed riding on the crest of the wave. But the "City of Energy" must think up someting more colourful to wear on Sundays.

Essen is a large, interesting city. It should also become chic and amusing.

ST. MARIA EMPF.
Holsterhauser Str.
Gemarken platz
Krupp-str.
ST. IGNATIUS
ERLÖSER KIRCHE
Bismarckstr.
RUHRLAND UND HEIMATMUSEUM
MUSEUM FOLKWANG
STADT SAALBAU
STADT
Rüttenscheider Stern
ST. ANDREAS